und dann schwimmen wir weiter im ewigen rauschen

Anna Miller

"Wie gehts dir heute, Anna?, fragt Facebook. Ja, wie gehts mir eigentlich?"

In diesem persönlichen Essay geht die Journalistin und Autorin Anna Miller der Frage nach, was das ständige Onlinesein, die Always-on-Kultur, mit ihr gemacht hat. Wie die 20.000 Stunden, die sie in ihrem Leben bisher auf den Bildschirm eines Smartphones starrte, ihre Gedanken, ihre Gefühle, ihren Sinn für Verbundenheit und ihren Blick auf die Welt veränderten. Sie spürt: So will ich nicht leben. Doch wie dann?

Über die Autorin

Anna Miller, geboren 1987, ist Journalistin, Autorin und Expertin für digitale Achtsamkeit. Sie hat einen Master-Abschluss in Positiver Psychologie und schreibt regelmäßig über Gesellschaftsthemen – unter anderem für das SZ Magazin, Zeit Online, den Stern, die NZZ am Sonntag und die Republik. Sie spricht auf Podien und im TV über psychische Gesundheit und berät Unternehmen, Institutionen und Privatpersonen zum Thema Verbundenheit im digitalen Zeitalter.

www.anna-miller.ch

Von Anna Miller ist ausserdem erschienen: «verbunden. Wie du in digitalen Zeiten wieder Platz schaffst für Dinge, die dir wirklich wichtig sind». Ullstein, 2023.

Dieser Essay wurde 2021 unter dem Titel «im digitalen Rausch» als fünfteilige Serie im Schweizer Reporter-Magazin «Republik» publiziert.

No, we don't need more sleep. It's our souls that are tired, not our bodies. We need nature. We need magic. We need adventure. We need freedom. We need truth. We need stillness. We don't need more sleep, we need to wake up and live. - Brooke Hampton

Januar 2020, 06:45 Uhr, 1. Entsperrung, Zeit am Handy: 3 Minuten, 45 Minuten unter dem Tagesdurchschnitt, ich würde gerne vergessen, doch das Erinnern fällt mir nicht leicht.

Ich würde so gerne weglaufen. Die Tür zumachen und wissen, dass ich dir damit weh tue, aber auch wissen, dass das mit uns nicht mehr geht. Obwohl ich weiss, dass ich dich auch brauche. Dass ich dir so viele Jahre lang so nahe war, und du mir auch. Es begann alles schön, zart und lieblich, vielversprechend, im Grunde. Wie so vieles gut beginnt. Du und ich, wir haben uns aneinandergeklammert, als könnten wir ohne einander nicht mehr sein. Oder ich einfach nicht ohne dich.

Du kennst mich.

Du weisst, wie viel Schlaf ich brauche und wann ich traurig bin, du weisst, wen ich am liebsten mag und wo ich mein Essen bestelle. Wenn ich schlafe, liegst du neben mir und schläfst auch. Ich würde dich nie ganz ausschalten, das würde mich beunruhigen. Also lege ich dich schlafen, im Flugmodus, du liegst dann neben mir und weckst mich, wenn genug geschlafen ist. Du bist das Erste, das ich morgens, noch dämmernd, in meiner Hand halte, und das Letzte, bevor ich das Licht abends lösche.

Du weisst, welche Musik ich gerne höre und versuchst trotz allem, mir ab und an was Neues vorzuschlagen. Manchmal rufst du mich, wenn ich gar nicht damit rechne, und manchmal bleibst du stumm, wenn ich dich am dringendsten bräuchte. Du hast mir so vieles von der Welt gezeigt, ohne, dass ich einen Raum verlassen musste, du hast mir Möglichkeiten geschenkt, mir eine Stimme gegeben, Liebe, Aufmerksamkeit und eine Aufgabe.

Wenn ich kurz vergesse, dass du nur ein Smartphone bist, das ich mit mir herumtragen kann, fühlst du dich fast an wie ein Mensch.

Was krass ist, weil, die Materie, aus der du geschaffen bist, gibt im Grunde nicht viel her. Du bist ein bisschen wie Geld, ein Schein, sonst nicht viel. Aber so viele Ideen und Träume projizieren sich auf deine Oberfläche, und ein so breiter Konsens herrscht darüber, dass du real bist, wichtig, unausweichlich, die Basis von allem Fortschritt, dass du tatsächlich dazu wirst. Und so kursieren Milliarden Smartphones auf der Erde. Kaum ein Flüchtling, der ohne das Meer überquert, und ein amerikanischer Präsident, der bis vor Kurzem damit regierte.

Du bist mehr als ein beliebiges Teilchen meines Lebens, wie ein Kugelschreiber oder ein Schlüsselbund. Du öffnest Millionen Türen. Speicherst Millionen Daten. Zeigst Millionen neue Wege auf, hast auf alles eine Antwort, für jedes Gefühl ein Emoji.

Du bringst mir die Welt, du bringst mir frohe Nachrichten über andere Menschen, über neue Aufträge und darüber, was mit der Welt, dieser verrückten Welt, gerade wieder los ist.

Du sagst mir, hey, du kannst mich alles fragen, du kannst alles nachschauen, ich merke mir alles für dich. Ich nehme dich an die Hand und führe dich durch das Labyrinth des Lebens, vertraue mir deine tiefsten Sorgen und Ängste an, gib sie in die Suchmaske ein, sag mir, wie es dir geht, oder schick deiner besten Freundin einen Screenshot mit all den Nachrichten, die er dir schickte, die du aber alleine nicht entziffern magst.

Auf dir sind all die Fotos von mir gespeichert. Wie ich glücklich lache, wie ich Geburtstage feiere und wie ich Menschen umarme. Mit dir halte ich die Vergangenheit fest, als sei sie gar nicht vergangen, obwohl ich ahne, dass das gar nicht geht.

Mit dir kann ich immer wieder überprüfen, ob das, was ich denke und fühle, auch andere denken und fühlen. Ob das, was ich denke, zu sein, ein Abbild findet in dieser Welt. Oder ob ich was ändern muss, an mir, um mich anzugleichen.

Ich habe vor Kurzem ausgerechnet, wie viele Stunden ich mit dir verbracht habe. Es werden immer mehr. Es sind heute im Schnitt 3,5 Stunden am Tag, teilweise, je nachdem, 40 Stunden die Woche, das ist die Stundenanzahl einer Vollzeitbeschäftigung in der Schweiz, nur die fünf Wochen Ferien, die gibst du mir nicht, und einen Lohn, den kriege ich auch nicht. Ich habe zusammengerechnet bereits über 20.000 Stunden meines Lebens mit dir verbracht, die ganzen Stunden am PC, am Laptop gar nicht mit eingerechnet. All diese glatten Flächen, in denen ich mich ständig spiegle, der Bildschirm auf dem Klo, der Bildschirm beim Busfahren, der Bildschirm in der Umkleidekabine, der Bildschirm im Restaurant.

Ich gebe dich nicht aus den Händen und ich lasse dich nicht allein, ich lasse dich nicht liegen und ich vergesse dich nicht, ich halte dich ja sowieso die ganze Zeit in meiner Hand oder habe dich in einer Manteltasche platziert, weil du so noch schneller greifbar bist, ich und du, wir interagieren andauernd.

Dabei fühlst du dich gar nicht mehr gut an. Manchmal machst du mir sogar Angst. Angst, weil ich mich verändert habe in unserer Beziehung. Schleichend. Über die Jahre. So unscheinbar langsam, dass mir das lange gar nicht auffiel. Es sind kleine, erste Anzeichen, erst dachte ich, sie hätten nicht viel mit dir zu tun.

Dass ich nicht mehr so fröhlich und unbeschwert bin wie früher. Irgendwie abgestumpfter. Dass ich so müde bin, abends, und doch eigentlich nichts erreicht habe. Dass ich mich einsamer fühle, im öffentlichen Raum. Müde ob den ganzen Geräuschen, und doch sehnsüchtig nach neuen Klängen. Dass ich dich immer öfter brauche, obwohl ich immer weniger weiss, ob ich dich noch will. Ich fühle mich in einer Beziehung gefangen, die mich schon länger nicht mehr wachsen lässt, doch trotzdem so gewohnt ist, dass es besser ist, dich als nichts zu haben. Lieber mit dir als dich zu verlieren, lieber mit dir und mich dabei selbst verlieren.

Und während du immer bunter wirst und immer schneller in mein Gehirn eindringst, weisses Rauschen, werde ich selbst immer fahler in deinem Licht. Dabei war doch alles schön, am Anfang. So viel Leidenschaft. So viel Zukunft. So viele Chancen.

Was ist nur passiert, mit mir in dir?

1999, ich drücke den Knopf, den kleinen Knopf am oberen Ende des Geräts, Nokia 3210, manchmal spiele ich Snake, bis meine Augen müde werden, ich verliebe mich in einen Jungen, er schreibt mir auf einen Zettel, dass er mich mag, Deutschunterricht, ich bin 12 Jahre alt. Wir küssen uns im warmen Wasser des Schwimmbads meiner Schule, draussen fällt der erste Schnee, und manchmal, wenn der Schnee so richtig fällt und vor dem Klassenzimmer einen meterhohen Berg bildet, öffnen die Schüler die Fenster und springen in den Schnee, kein Mädchen springt mit. Sonntags hört man die Kirchenglocken durch das Tal schallen, wir laufen alle in die Kirche und beten das Vater Unser, und manchmal, wenn ich schlechte Laune habe und mich auflehnen will, bete ich nicht mit.

Ab und zu stehle ich mich in mein Zimmer und krame das Gerät unter meinem Kopfkissen hervor und schaue, ob eine Nachricht gekommen ist, manchmal ist da eine, und wenn sie von einem Jungen ist, den ich während der Ferien kennengelernt habe, schlägt mein Herz kurz etwas schneller. Ich bange, ich bange auf die nächste Nachricht, mag er mich noch?

2001, meine Mutter kauft mir zu meinem 14. Geburtstag einen Macintosh, wir sind eine der ersten Familien mit so einem Gerät im Dorf, sie kauft einen zweiten Bildschirm im A4-Format, vertikal, damit sie die ganze Seite Word-Dokument vor sich sieht, ohne zu scrollen. Die Festplatte fasst 100 Megabyte, wir können nicht ins Internet, irgendeiner gibt mir eine AOL-CD und sagt, damit kommst du rein, ich installiere die CD auf dem Computer und lösche meiner Mutter dabei alle Dateien vom PC, und noch immer kann ich nicht ins Internet.

Ein paar Monate später kommt dann der Elektriker, er verlegt eine Leitung, es macht dieses Geräusch, das Einwählgeräusch, ewiges Rauschen, verbunden, nun, mit der Welt, ich logge mich in einem Online-Chat ein und lege mir ein Pseudonym zu, ich schreibe meine ersten Worte in einen Messenger, meine Mutter heizt den Raum, in dem der PC steht, nicht auf.

Vielleicht ist es Absicht, damit ich nicht zu lange bleibe, vielleicht lohnt es sich nicht, diesen Raum auch noch zu heizen, es ist ja nicht so, als wäre dieser Raum zum Wohnen da. Darin steht ja nur ein PC, kein Grund, sich hier länger aufzuhalten, wer würde den Grossteil seines Lebens zwischen einem PC und einem Drucker verbringen wollen, es gibt ja noch die Küche und das Wohnzimmer und das Schlafzimmer und den Garten und die Nachbarschaft und eine Welt, da draussen, ein Leben, da heizen wir doch den PC-Raum nicht auf.

Ich werde angewiesen, den PC runterzufahren, wenn ich fertig bin, und dann ein Stück braunen Stoff über den Bildschirm und die Tastatur zu legen, damit der Staub sich nicht fängt. Ich darf vor dem Gerät nicht essen und nichts trinken, ich muss schauen, dass die Tastatur sauber bleibt, und wenn ich fertig bin, soll ich die Leitung wieder freigeben, und sowieso, bleib nicht lange, zehn Minuten vielleicht.

Ich lege mir eine E-Mail-Adresse zu. annamiller87@hotmail.com, mein Name, mein Geburtsjahr und die Endung, die alle haben, es gäbe auch bluewin, doch ich will gross raus, amerikanisch sein, zur grossen weiten Welt gehören, zum *world wide web*.

Lustigerweise kam irgendwer drauf, die Internetverbindung, das Wlan, das Netz, gleich zu taufen wie das, was wir unter Menschen die ganze Zeit tun, uns verbinden, connection, internet connection, 24/7 verbunden, für immer, überall, hohe Kosten, keine Gebühr. Jede Schranke, die in der realen Welt existierte, plötzlich ausradiert, keine Zeitzone, keine Uhrzeit, kein Bildungsstatus mehr gültig, kein Verlorengehen mehr möglich. Wir können zu jedem Menschen, der virtuell existiert, theoretisch eine Bindung aufbauen. Wir müssen nie wieder jemanden verlassen. Sogar die Toten bleiben im Internet am Leben, solange man ihren Account nicht löscht.

Ich weiss um die Jahrtausendwende herum, als Teenager, noch nicht, wie sehr diese Verbindung, die jetzt noch über ein Kabel läuft, meine intimsten Wünsche triggern wird. Wie gewaltvoll sie sich ihren Weg bahnen wird, sobald sie sich vom Kabel befreit hat. Dass Leute 2020 in Tirana, der Hauptstadt von Albanien, an eine Strassenwand sprayen werden: *When phones had a wire, humans were free.*

Wie sehr ein kleines Gerät das Glänzen in den Augen meiner Mutter simuliert, und wie sehr ich anfange, meinem Handy mehr anzuvertrauen als den wichtigsten Menschen in meinem Leben. Wie ich damit beginne, ihm mehr zu vertrauen als mir selbst.

Hier und da schnappe ich kurze Meldungen auf, Wissenschaftler warnen davor, dass Angststörungen bei Kindern zunehmen oder einer sagt, man solle den Smartphone-Bildschirm rechtzeitig dimmen, bevor man schlafen geht, weil sonst die Schläfrigkeit nicht kommt. Dass man digital Spuren hinterlässt, die einen später vielleicht den Job kosten.

Ab und an sagt ein Hirnforscher, wir seien vergesslicher geworden, und eine Psychologin moniert, dass unser Online-Dating-Verhalten unsere echten Beziehungen sabotiert, da gedeiht nichts, immer auf dem Abstellgleis, immer mit einem Fuss im nächsten Teich. Dass der permanente Porno-Konsum über Plattformen wie Youporn sexuelle Übergriffe im echten Leben ansteigen lassen, das Ipad im Bett die sexuelle Lust hemmt, weil das Gehirn beim Liken die gleichen Hormone ausschüttet wie beim Streicheln der partnerlichen Haut, und das Erstere einfacher und schneller funktioniert als Zweiteres.

Dass wir mittlerweile herumlaufen wie Zombies, immer fixierter auf ein kleines Gerät, wir laufen dann die Strassen lang und die Treppen runter und können nicht mal mehr zwei Minuten einen Gehweg entlang spazieren. Die Polizei rückt aus, weil Leute nicht mehr von ihren Geräten aufschauen, wenn sie die Strasse überqueren, die Polizei rückt aus und schirmt Leichen auf Autobahnen ab und versucht, die Leute davon abzuhalten, Videos vom Toten zu machen, die Polizei rückt aus und versucht, Kinderschänder im Netz zu fangen, die Polizei rückt aus und versucht, die Täterin zu belangen, die die 13-jährige Céline aus Spreitenbach im Netz gemobbt hat, bis sie sich das Leben nahm. An einem spanischen Strand erstickt ein Babydelphin in den Händen einer Meute Touristen, weil sie ihn so lange rumtragen, um Selfies mit ihm zu machen, bis er stirbt. Manchmal fragt sich jemand kurz, wie es sein kann, dass wir immer mehr Stunden am Tag im Internet verbringen, am PC, vor dem Bildschirm, dass das Digitale in unseren Leben immer mehr davon einnimmt, was wir tun, was wir sehen, was wir lesen, was wir denken, und welche Konsequenzen das hat für unsere Entwicklung.

Dann reden ein paar Eltern beim Elternabend davon, dass ihre zehnjährigen Kinder über Mittag mehr als 200 Whatsapp-Nachrichten erhalten haben, in denen nicht viel mehr als ein paar Emojis stehen und suchen in den Augen der Lehrer nach Antworten, dann zucken alle hilflos mit den Schultern und einige sagen, bitte, tun Sie was, und die anderen sagen, ach, hören Sie auf, das ist die Zukunft, dagegen kann man nichts tun. Keiner, der bei Sinnen ist, hat was gegen die Digitalisierung, und wenn Sie damit nicht umgehen können, ist das Ihr Problem.

Derweil führen Schulen landesweit digitalen Unterricht ein, Ipads für alle, Videos für alle, einige Schulen lassen sich von Microsoft sponsern, oft ist man froh drum, endlich mal einer, der sich um den Fortschritt unserer Jüngsten kümmert! Studien, die darauf hinweisen, dass das Schreiben von Hand und das Lesen auf Papier das Hirn ganz anders stimuliert und emotionale Verarbeitungsprozesse ermöglicht, werden da nicht so gern herbeigezogen, die digitalen Vorteile überwiegen doch ganz klar.

Ich ahne noch nicht, wie sehr diese ganzen Mechanismen in mir diese Sehnsucht danach entfachen werden, gesehen und geliebt zu werden, von hunderttausend Menschen auf der Welt gleichzeitig. Gehört und gehalten. Ich ahne nicht, dass du, Smartphone, dich zu mir legen wirst wie ein Kuschelteddy in mein Kinderbett, dem ich alle meine Träume anvertraue, all meine Sorgen, und den ich ganz fest an mein Herz presse, wenn ich Angst bekomme vor dem, was im Dunkeln auf mich wartet.

Verbindung ist alles, wonach sich der Mensch sehnt, sobald es ihn gibt. Wir stammen von einer Verbindung ab, Ei und Spermium, wir werden zu einem Zellhaufen, wir binden uns über eine Nabelschnur an eine Mutter, wir kommen auf die Welt und weinen und schreien uns die Lunge aus dem Leib, weil wir diese erste Trennung erfahren, wir holen dann Luft und sehen unsere Mutter lächeln, unser Vater streichelt uns das erste Mal über den Kopf.

Wir hängen an einer Brust, wir hängen daran, ob Mama schimpft, wir hängen so sehr an unseren Schulfreunden, dass wir uns mit ihnen zusammen blaue Strähnen in die Haare machen lassen oder tagelang nicht essen, wenn sie uns hänseln. Wir würden alles dafür tun, geliebt zu werden, wir tun alles, um verbunden zu bleiben.

Manchmal sagt meine Mutter, ich hänge zu lange an den Geräten rum, doch ich sage ihr, dass das nicht stimmt.

Manchmal fragt mich meine Mutter, was ich da alles tue, was daran so interessant sein soll, und ich rolle mit den Augen und sage, Mama, das verstehst du nicht, du bist halt alt.

Manchmal fragt mich meine Mutter, ob ich zum Essen komme, und ich sage dann, gleich, gleich, und dann komme ich lange nicht und das Essen wird kalt und alle sind schon fertig, aber mir macht das nichts aus, weil, ich hatte jemandem zu antworten. Vielleicht wird das Liebe, er hat mich nach meinem Namen gefragt und ob ich bald wieder online komme und dann haben wir uns verabredet, vielleicht treffen wir uns sogar mal, und wenn nicht, macht das nichts, weil, miteinander schreiben ist schon aufregend genug, und ich habe etwas, wovon ich nachts träumen kann, sein Name ist Jan.

Manchmal möchte ich etwas mit einem Nachbarsmädchen unternehmen, ich stelle mich dann an den Tisch neben der Küchentür und wähle ihre Telefonnummer, und meine Mutter sagt, nicht über Mittag, nicht nach 20 Uhr, doch nicht an einem Sonntag, sag mal, seit wann stören wir die Leute?

Wenn ich Zug fahre, fahre ich Zug, wenn ich lese, lese ich, wenn ich nicht einschlafen kann, kann ich lange nicht einschlafen. Wenn ich denke, denke ich, wenn ich zeichne, zeichne ich, und oft bin ich ungeduldig und zeichne nicht lange, dann stehe ich auf und laufe zum Klavier rüber und spiele eine Melodie, die mir grad einfällt, an die ich mich danach nicht mehr so genau erinnern mag.

Nadine und ich überlegen uns Klopfzeichen und ziehen eine kleine Schnur hinter dem Haus durch, wir ziehen daran und überlegen uns eine Zaubersprache, die nur wir allein kennen. Einmal lang, zweimal kurz heisst: Die Luft ist rein.

Februar 2020, 08:18 Uhr, 14. Entsperrung, Zeit am Handy 35 Minuten, 10 Minuten unter dem täglichen Durchschnitt, guten Morgen Anna, möchtest du deine Benachrichtigungen nicht aktivieren?

Wo man auch hinschaut, noch immer die grosse Party, wenn ein Mobilfunkanbieter das schnellste Netz des Landes noch billiger anbietet als sowieso schon. Wir lassen uns Waren und Essen und Taxis vor die Haustür liefern und feiern, dass Musik und News und Unterhaltung endlich für alle gratis sind, auch wenn irgendeiner draufzahlt, aber wir sind es nicht.

Die Politikerinnen und CEOs sagen uns dann an ihren Rednerpulten und an ihren Digitalisierungskonferenzen, dass ganze Volkswirtschaften im Westen bachab gehen werden, wenn wir den Anschluss verpassen. So viele Arbeitsplätze, die vor die Hunde gehen, so viele Leben, die von der Digitalisierung abhängig sind!

Der nationale Digitaltag wird zum rauschenden Volksfest mit Ständen und Panels und Kinderprogramm, der Bundespräsident stellt sich in Bern auf die Hauptbühne, zieht sein Smartphone aus der Tasche und sagt: Niemand hätte sich vor ein paar Jahren vorstellen können, wie viel dieses Gerät heute kann, wie vernetzt wir alle damit sind. Um anzufügen: Freut euch auf die Möglichkeiten der Digitalisierung. Denn wir haben keine Alternative.

Dann applaudieren alle, für die VIP-Gäste gibt es Häppchen, Weisswein und einen Sonderzug nach Zürich, man klopft sich gegenseitig auf die Schultern und tauscht Visitenkarten aus und versichert sich, ich, ich werde sicher nicht abgehängt, ich bin dick im Geschäft.

Digitale Fahrkarte, digitale Steuerrechnung, digitale Abstimmung über die Zukunft der Demokratie, Vermittlung einer Wohnung, Vermittlung der ewigen Liebe, juristische Hilfe und ärztliche Vordiagnosen, alles die gleichen Prozesse, rein numerisch betrachtet nichts weiter als eine andere Abfolge des immer gleichen Codes, 010101101010010101, Null oder Eins. Das macht uns wettbewerbsfähig, was wichtig ist, denn wir haben keine Zeit, China ist auf dem Vormarsch, in Amerika entscheidet Facebook Wahlen, wir brauchen schnelle Netze, mehr Glasfaser, mehr WIFI, 5G, die Konkurrenz schläft nicht.

Und wenn einer dann mal kommt und ein paar Fragen stellt, Fragen danach, ob das alles so klug ist und ob wir alles digitalisieren sollen und wem das nützt und was wir eigentlich psychologisch und sozial und gesundheitlich darüber wissen, was das ständige Onlinesein, die Strahlung und das in Bildschirme starren mit uns macht, lachen die Verantwortlichen und sagen: Ach, das dachte man doch immer! Bei jeder technologischen Revolution! 1900 drehten die Leute auch durch, und das nur, weil ein Zug schneller fuhr als ein Pferd rennen konnte! Stell dir das mal vor!

Dann lachen sie alle und legen den Kopf ein bisschen schief und fragen, ob ich auch Angst hätte vor den Strahlen der Mikrowelle? Und mich nicht mehr röntgen lasse? Und überhaupt jemals auf die Strasse gehe? Weil, gefährlich ist das Leben überall, sterben kannst du sogar beim Sex.

Während Fragen nach den Schattenseiten von technologischem Fortschritt in etwa so en vogue sind wie Karottensaft in einer Fussballkneipe, wächst gerade die erste Generation heran, die nie eine Welt ohne Internet kannte.

Vielleicht passiert mit der Menschheit ein paar Jahre nach Einführung des Internets und dem ganzen Social-Media-Wahnsinn neuronal und psychologisch genau das Gleiche wie nach dem Buchdruck, der Einführung des Radios oder des Fernsehens, nämlich: Nichts. Oder aber, die *always on*-Gesellschaft verändert uns massiv, zu schnell, als dass unser System damit klarkäme.

Ein paar Anzeichen dafür gibt es inzwischen, auch wenn die Forschung hinterherhinkt, weil für eine Langzeitstudie noch nicht genug Zeit vergangen ist. Und doch mehren sich die Anzeichen, dass uns das digitale Dauerrauschen kaputt macht, wenn wir nicht lernen, in eine digitale Balance zu kommen, den Überkonsum herunterzufahren, bewusster damit umzugehen.

Nie waren Depressionen und Angststörungen so verbreitet wie heute. Gab es unter Jugendlichen so viele mit Selbstmordgedanken. So viele junge Mädchen, die sich operieren lassen wollen, weil ihr wirkliches Gesicht und ihr echter Körper im Spiegel nicht mehr mithalten können mit dem, was sie online stellen, nachdem sie ein halbes Dutzend Filter darüber gejagt haben.

Sogar Studien, die von Schweizer Telekommunikations-Riesen mitfinanziert sind, sagen mittlerweile: Jeder zweite Jugendliche ist müde und erschöpft, jeder Fünfte hat Konzentrationsprobleme, ist gereizt und wütend. Internationale Studien bestätigen Haltungsschäden, Smartphone-Nacken, Daddel-Daumen, Kopfschmerzen, Schlafstörungen und verstärkte Angst- und Depressionssymptome aufgrund von übermässigem Bildschirmkonsum bis hin zu Risiken, früher an Demenz zu erkranken. Die gleichen Studien sagen dann, soziale Interaktion, Familienzeit ohne Screen, Ausspannen und Gesellschaftsspiele würden sich positiv auf die psychische und körperliche Gesundheit auswirken, eigentlich logisch, haben wir alle einfach kurz vergessen.

Weil der technologische Fortschritt sich ungern bremsen lässt von Abwägungen und Unsicherheiten oder Fragen nach Sinn und Gefühl. Er fährt lieber durch wie ein ICE, ohne Halt bis zur nächsten Katastrophe. Wenn sie dann da ist, überlegen wir uns vielleicht was, bis dahin wird einfach mal an die Idee geglaubt, komme, was wolle.

Und so kannst du bald auch im Flieger surfen, in der Bahn, no limits, immer erreichbar, wie geil ist das denn? So viel Spass, so viel Ernst, willst du etwa abgehängt werden, aus der Gesellschaft fallen, willst du Opfer sein?

Nein, logisch, kein Mensch will ein Opfer sein. Opfer sein ist scheisse.

2003, Fredi tritt mir beim Tanzabend ständig auf die Füsse, ich versuche zu lächeln, dabei hat er Mundgeruch, und wenn er ins Schwitzen kommt, werden seine Hände feucht, er hält mich dann noch ein bisschen fester und hofft, dass ich mit ihm gehen will, aber ich will nicht. Ich verliebe mich in Manuel, vier Jahre älter, er trägt rote Ferrari-Turnschuhe und hat einen krassen Blick, und wenn ihm einer zu nahe kommt, dann droht er damit, ihm eine reinzuhauen, und oft wirkt das ziemlich schnell.

Wenn grad nicht Schule ist, telefonieren Manuel und ich stundenlang. Er klebt sich sein Telefon mit Klebeband an seinen Kopf, damit er es nicht ständig halten muss. Mir tun die Arme weh. Manchmal auch der Kopf. Ich lasse nachts das Handy an, und wenn es vibriert, dann richte ich mich schlaftrunken auf und antworte, ich antworte auf Nachrichten, die er mir schickt, er schreibt schlaf gut, Meitli, schlaf gut. Und ich antworte und schreibe, du auch, ich denk an dich, ich küsse dich, träum süss, träum von mir.

An der Schule gehen Gerüchte um, Leonie und Timm sollen Sex in der Duschkabine gehabt haben, auch anal, die Mädchen sagen, sie sei eine Schlampe. Tim habe kotzen müssen, als er seinen Penis rauszog und dieser nach Scheisse roch, er habe ihr vor die Füsse gekotzt und sie habe zu weinen angefangen, doch niemand weiss das so genau, weil: keine Bilder.

Ich liege im Bett und habe den ganzen Tag vor mir, draussen ist es still geworden, die Bäume wachsen, die Sonne scheint, ein paar Menschen gehen spazieren, sie halten ihre kleinen Kinder an der Hand und laufen an meinem Fenster vorbei und haben es gar nicht eilig, sie nehmen sich plötzlich ganz viel Zeit.

Seit zwei Wochen stecken wir alle fest in einer Pandemie. Die Corona-Krise ist da, sie tobt mitten unter uns, nicht mehr als fünf Menschen dürfen zusammen die eigenen vier Wände verlassen. Viele Menschen beginnen wieder damit, Brettspiele zu spielen und Brot zu backen. Häusliche Gewalt nimmt dramatisch zu, weil die Frauen nirgends hin können, wenn er anfängt, zu toben.

Die Schulen und Unternehmen und Firmen verlagern ihre Dienste in den digitalen Raum, die Ältesten wissen plötzlich, wie Zoom funktioniert, wir schauen uns Konzerte und Elektro-Parties über unseren Bildschirm an und sind so dankbar für die digitale Transformation. Für ein paar Wochen flutet Liebe und Solidarität die sozialen Netzwerke, alle sind nett zueinander, alle fürsorglich, der raue Umgangston, den wir sonst von Twitter kennen, weg. Die ersten sagen vorsichtig, sie wünschten, es bliebe für immer so.

Wir stellen uns auf unsere Balkone und klatschen für das Spitalpersonal, wir singen gemeinsam Lieder und rufen einander im Innenhof zu, Gute Nacht. Wir legen frische Blumen vor die Haustür und bringen einander Tomaten nach Hause, verpacken Geschenke in schönes Papier und schreiben Karten. Wir scheinen in der Krise bewusst zu spüren, was sich digitalisieren lässt und was nicht, wo wir Nähe brauchen und was uns fehlt, wir merken, dass wir nicht ewig online sein wollen und dass ein Gespräch, bei dem wir den Arm des Anderen nicht berühren dürfen, irgendwie nicht gleich wärmt. Ich beginne, zu hoffen. Darauf, dass die Prozesse, die sich digitalisieren lassen, um dem Menschen eine Hilfe zu sein, digitalisiert werden. Und solche, die uns krank machen, abhängig und dumm, ausgebremst. Und dass die Menschheit anfängt, das eine vom anderen zu unterscheiden.

Und wenn dann doch die Angst kommt, vor dem Tod, vor dem Corona-Virus, vor einem Weltuntergang, kann ich das tun, was ich schon seit dreizehn Jahren tue, ich kann meinen unsicheren Arm in die Dunkelheit strecken und irgendwer kann mich halten, auch wenn ich Tausende Kilometer weit weg bin, auch wenn ich auf dem Klo bin oder im Bett liege und vielleicht nie wieder das Haus verlasse. Einer von 2569 Leuten, in Foren, in Chats, in Apps, in sozialen Netzwerken, auf Insta, per Mail, am Telefon wird mir eine Echokammer sein, wird mir helfen, meine tiefsten Ängste und schmerzhafteste Ohnmacht wieder für einen kleinen Moment zu verdrängen, es werden sich einfach ein paar Sekunden Ablenkung über das Gefühl legen, Haha, ja, ich auch, wie gehts dir, Foto, schau mal! Skype-Call heute? Wird 5 Min. später, kann nicht, kommst du? Herz-Emoji, Kusskuss, xoxo, ich melde mich!!!

Das Digitale entpuppt sich in vielen Bereichen auch als Heilsbringer, als Möglichkeit, kleine Cafés vor dem Untergang zu retten, lokal hergestellte Kleider nach Hause zu bestellen, mit Freunden und Verwandten in Kontakt zu bleiben. Alles super.

2005, ich kaufe mir ein besseres Handy, ich mache einen neuen Vertrag, mehr SMS, länger telefonieren, eine Flatrate, sie kostet mich ein Vermögen, aber das ist es mir wert, so viel kommunizieren, wie ich will. Und dieses sichere Gefühl, mit der Zeit zu gehen, ihr davonzurennen, sagen zu können: Klar, schau mal, hab das gleiche wie du, in Blau, wusstest du nicht, dass es das jetzt in Blau gibt? Klar, in Zürich gekauft, an der Löwenstrasse, im grössten Handyshop der Schweiz, und du so, noch immer nicht mit der Welt verbunden?

Melanie macht das erste Bild von mir, in einem Wald, wie ich mit Manuel knutsche. Danke fürs Schicken, hdl.

Die Leute im Ferienlager sagen, wir dürfen keine Geräte dabeihaben, ich schmuggle mein Handy trotzdem mit rein. Ich nehme es mit aufs Klo und schreibe dort weiter, und wenn irgendwo ein Ton erklingt, zucke ich innerlich zusammen, jedes Mal, oh Gott, fliege ich grad auf? Der Akku hält die ganze Woche. Manchmal dürfen die anderen Mädchen von meinem Gerät aus Nachrichten an ihre Freunde schicken, Fabienne, Laura, Alexandra.

April 2020, 13:12 Uhr, 34. Entsperrung, 1 Stunde 40 Minuten über der durchschnittlichen Bildschirmzeit, gab es heute Tote?

Mein Mitbewohner sagt, er habe aufgehört, die Nachrichten zu konsumieren, das mache ihn nur krank, Corona komme und bringe einen um, ob man nun die Push-Nachrichten aktiviert habe oder nicht. Rolf Dobelli hat einen neuen Bestseller geschrieben und rät darin auf über 250 Seiten, man solle die Finger von kurzen News lassen, das mache einem das Gehirn zu Brei. Währenddessen fragen mich ein paar Berufskollegen, ob ich auf Tiktok sei, es ist wichtig, auf Tiktok zu sein! Das wissen schon die ältesten, langweiligsten Unternehmen, man muss jetzt alle Kräfte bündeln, das ganze Marketing, die Jungen erreichen! Sonst kauft bald niemand mehr, was wir hier alle machen, und dann verhungerst auch du.

Auf der Redaktion werden wir dazu angehalten, mehr über Corona zu schreiben, die Leute fragten das nach, das zeigen die Zahlen. Information suggeriert Kontrolle, Kontrolle suggeriert Sicherheit, Sicherheit ist zwar langweilig, aber immerhin suggeriert sie uns, dass wir das Böse abwenden können. Und so kaufen wir SUVs, die so gross sind wie ein kleines Haus, montieren unsichtbare Zahnkorrekturschienen und schliessen Versicherungen gegen Cybermobbing ab. Sicherheit ist wichtig für unser Überleben, da macht es nichts, dass wir immer weniger empfinden, das Leben nicht mehr spüren und den Wind nicht mehr spüren, in all dieser *safety*, wir fühlen uns nicht lebendig, aber auch nicht machtlos und klein und beliebig.

Wir können der Welt zeigen, dass wir die Dinge im Griff haben und uns Wohlstand leisten können und grösser sind als Natur, Chaos und Viren und vor allem können wir so tun, als wären wir was Besonderes. Verdrängen, dass wir am Ende des Tages eben doch alle die gleichen Dinge tun, die gar nicht so grossartig sind. Beispielsweise Kot ausscheiden. Wasser kochen. Den Typen aus der Kantine heiraten, weil wir ihn halt schon lange kennen. Zwei Wochen Urlaub auf Mallorca machen, wie immer im gleichen Hotel, die Cocktails nicht super, aber billig.

Wir wollen uns nicht damit auseinandersetzen, dass gewisse Dinge grösser sind als wir selbst, in einer Welt, in der es keinen Gott mehr gibt und wir selbst schuld sind, wenn aus uns keine Instagram-Stars werden, hast dich halt nicht gut genug verkauft.

Da kommt uns gelegen, dass unser kleines Gerät in unseren Händen uns Sicherheit und Kontrolle suggeriert.

Ich habe mit meinem Smartphone in der Hand die vermeintliche Kontrolle über alles. Über die Liebe, über Freundschaft, über meinen Körper, Kontrolle über die Zeit und das Wetter, meine Fruchtbarkeit, über den Inhalt meines Kühlschranks und darüber, wie warm es mein Schlafzimmer aufheizt, obwohl ich da grad gar nicht bin. Ich kann mit meinem Gerät alles vermessen und bewerten und auswerten, und das hilft mir, nicht in dieses Loch zu fallen, das sich Zufall nennt. Leben. Schicksal. Das alles so unendlich lebendig macht, wenn man es machen lässt, aber so bedrohlich wirkt, wenn man nichts hat, woran man sich festhalten kann.

Ich behalte die Kontrolle über Nähe und Distanz, über meinen Wert und über deinen. Ich kann, wenn ich will, jederzeit in die virtuelle Welt abtauchen, wenn ein Gespräch langweilig wird oder zu intim, lasse mein Gegenüber plötzlich ins Leere reden, während ich in meinen Bildschirm starre und hmhm sage, jaja, ich bin schon irgendwo da, aber ehrlicherweise: Halt die Fresse, ich hab grad Besseres zu tun. Ich lasse dich warten, bis ich meinen Blick wieder vom Bildschirm hebe, das ist dann das Zeichen dafür, dass du weitersprechen darfst, die Fachwelt nennt das Phubbing, zusammengesetzt aus *phone* und *snubbing*, den Menschen für das Gerät links liegen lassen.

Ich behalte damit die Kontrolle über meine Gefühle, es ist so viel einfacher, als Pillen zu schlucken, Antidepressiva oder Drogen. Mein Smartphone sediert mich umsonst. Es lenkt mich so sehr ab, dass ich die Welt um mich herum vergesse, oder erregt mich, bis meine Beine unter dem Tisch nicht mehr aufhören, zu zittern. Ich brauche kein Vertrauen in die Menschheit mehr, es reicht, dass ich dir vertraue, wenn ich auf der Fahrt nach Hause die Route sekundengenau nachverfolge, auf der mich dieser Unbekannte gerade nach Hause fährt.

Du suggerierst mir, dass du die Menschen, die ich über Airbnb in mein Haus lasse, kennst, ihre Bonität geprüft hast, ihren Lichtbildausweis gesehen und sie durch irgendwelche Sicherheits-Algorithmen gepeitscht hast, und das kann jetzt ruhig mein Bauchgefühl ersetzen, weil Zahlen doch so viel genauer sind als Gefühle.

Ich kann jede erdenkliche Unsicherheit googeln und bekomme Seiten angezeigt, auf denen andere Menschen die gleichen Probleme schildern wie ich, für einen kurzen Moment gibt mir das Halt.

Ich habe vermeintlich Kontrolle über mich selbst, das Wetter, die anderen. Über meine Probleme, mein Bankkonto, darüber, was andere von mir sehen sollen. Derweil etabliert die chinesische Regierung den Chinese Citizen Score, die digitale Totalüberwachung der Bürger*innen, wir schauen uns derweil "Black Mirror"-Folgen auf Netflix an und wundern uns über derart phantasievolle Dystopie.

Wir sind eben gutgläubig. Wir dachten, Facebook sei ein lustiges Freunde-Netzwerk, wir dachten, auf Twitter könnten wir uns engagieren, wir dachten, Online einkaufen sei einfach bequemer. Wir dachten uns nichts weiter dabei, als Unternehmen uns anboten, unseren Menstruationszyklus zu tracken und unseren Schlaf zu überprüfen. Als sie anfingen, uns zu sagen, wie lange wir meditieren sollen und uns daran erinnerten, sechs Mal am Tag ein Glas Wasser zu trinken.

Wir ahnten nicht, dass das etwas mit Profit zu tun hat, mit Marktmechanismen und damit, dass Alphabet, der Mutterkonzern von Google, 2019 einen Umsatz von162 Milliarden Dollar erwirtschaftete. Wir haben lange nicht gewusst, dass Unternehmen in den Unweiten der Welt Klickfarmen eröffnen und dort Menschen zu einem Hungerlohn nichts anderes tun, als den ganzen Tag auf Tausenden von Smartphones Dinge zu liken, damit der Algorithmus, der herausfinden soll, ob Likes industriell gekauft sind, nicht merkt, dass sie das sind.

Wir verkünden stolz, dass wir nun ein papierloses Büro haben und alles digital funktioniert, weil wir meinen, damit die Regenwälder retten zu können, dabei realisieren wir nicht, dass die Digitalisierung, das Kühlen der Millionen Server, gigantisch viel Strom verbraucht. CO2 erzeugt. Dass wir niemals auch nur ansatzweise eine 2000-Watt-Gesellschaft haben werden, solange jeder meint, er müsse seine fünf digitalen Endgeräte dreimal am Tag aufladen.

Wir bewerten mit dem Drücken auf einen Knopf, wie gut andere Menschen das Klo am Flughafen geputzt haben und richten im Anschluss an unseren Restaurant-Besuch mit Sternchen darüber, wie nett der Kellner war und geben Hotels ein Like, weil uns gesagt wurde, wir können damit helfen, die Dienstleistung zu verbessern und glauben, wir tun damit niemandem weh.

Das Internet hat mir beigebracht, ständig über Dinge und Menschen und Zustände zu urteilen, es hat mir beigebracht, zu zelebrieren, dass ich Dinge liebe oder sie hasse, es hat mir beigebracht, mich zu empören, wütend zu werden, ein Recht auf Meinungsäusserung zu haben, es hat mir beigebracht, dass ich Macht habe, dass ich stark bin, dass meine Meinung zählt, dass ich damit drohen kann, jemanden zu diskreditieren, dass ich jemanden über Nacht berühmt machen kann oder ihn canceln, ihn hochjubeln oder ihn kaputtmachen. Die Industrie liebt meine Emotionen. Wut generiert mehr Aufmerksamkeit und höhere *engagement rates*, wütende User bringen mehr Geld als friedliche. Und mir ist nichts lieber, als gesehen, gefeiert, gelobt zu werden.

Gib mir bitte einen Stern für diesen Text, wenn du ihn toll findest. Yeah, super!! Danke!

2007 stellt sich ein grosser, dünner Mann mit schwarzem Rollkragenpullover auf eine ebenso schwarze Bühne und hält eine sehr gute Präsentation. Ich bin 20 Jahre alt, ich habe Abitur gemacht, habe die erste eigene Wohnung bezogen, ich habe selten getrunken, bis ich kotzen musste, und habe seit fünf Jahren Sex. Wenn ich etwas kaufen will, dann gehe ich in einen Laden, wenn ich ausgehen will, in eine Bar. Ich bezahle mit dem Geld, das in meiner Tasche liegt, und sehe den Menschen, der gerade physisch vor mir steht. Manchmal hören wir einander zu, manchmal warten wir auch nur, bis der andere fertig gesprochen hat, um selbst reden zu können.

Zehn Jahre später steigt in mir eine unerklärliche Wut auf, wenn die Seite nicht sofort lädt. Zehn Jahre später wird der CEO von Netflix in einem Artikel des "Guardian" sagen, die grösste Konkurrenz für das Unternehmen sei nicht HBO oder Youtube, sondern Schlaf.

Plötzlich staut sich in mir eine Wut, wenn die Dame vor mir länger braucht, um aus dem Zug zu steigen, ich ertrage meine Mitmenschen nicht mehr, unnötige Geräusche und unnötige Verspätungen, ich halte es nicht mehr aus, drei Stunden am Stück Zug zu fahren, ohne mich davon ablenken zu müssen, dass ich Zug fahre. Freundinnen fragen mich am Telefon, warum sie nach zwei Wochen Dating immer noch nicht verliebt sind und nach drei Tagen Diät noch nicht schlank.

Wir halten es plötzlich nicht mehr aus, dass wir nach drei Monaten Studium noch keinen Master gemacht haben und nach drei Blog-Einträgen noch kein gefeierter Autor sind, dass wir nach drei Wochen Youtube-Filmen noch nicht so viele Followerzahlen haben wie die anderen. Wir wundern uns, warum wir im Berufsleben die Karriereleiter nicht erklimmen. Und bald denken wir uns, irgendwas stimmt nicht mit mir, ich bin nicht schnell genug, nicht klug genug, alles dauert so lange, ich dauere zu lange. Ich muss alles beherrschen, bevor ich es kann, ich muss Dinge können, ohne sie jemals gelernt zu haben. Für Lernen und Fehler machen und Dranbleiben ist keine Zeit mehr, verstehst du!

Das ständige Online-Sein macht mich zu einem fahrigen, hyperaktiven, unkonzentrierten Trottel, der nicht mehr in der Lage ist, das Wichtige vom Unwichtigen zu unterscheiden. Statt eine halbe Stunde konzentriert zu lesen, schmeisse ich alles hin, wenn ich nach drei Minuten noch nicht im Text versinke oder er mich geistig ein bisschen mehr herausfordert als eine Zusammenfassung auf Blinkist. Das Scrollen am Handy ist so viel einfacher, als sich damit auseinandersetzen zu müssen, dass nicht jeder Erfolg so einfach vom Himmel fällt wie ein Päckchen von Zalando.

Dann wundere ich mich, wo meine Kreativität hin ist, nach all den Jahren im Internet.

Ein Drittel aller Arbeitnehmenden legt mittlerweile das Smartphone zwischen sich und die Tastatur des Computers, um für alle Chefs und alle Freunde und alle Nachrichten auf sieben Kanälen konstant in Reichweite zu sein, dann fragen wir uns, warum wir am Abend so erschöpft sind, nachdem wir den ganzen Tag physisch, mental und digital bombardiert wurden. Zermürbt von *shallow work*, wie die Ikone des Digitalen Minimalismus, Cal Newport, sagen würde. Nach zwei Masters of Science dazu angestellt, Emails zu beantworten und auf Teams die Nachrichten der Kollegen zu liken, statt ein paar Stunden ungestört Gedanken nachgehen zu können, die potenziell Innovation hervorbringen würden.

Dann frage ich mich, warum es mir nicht mehr so viel Spass macht, einfach mal dazuliegen und ich es nicht mehr aushalte, den Abspann eines Films durchlaufen zu lassen. Ich wundere mich, warum ich wieder zu nichts gekommen bin, eigentlich nicht wirklich viel gemacht, aber doch 16 Stunden wach war und immer was zu tun hatte, ich fühle mich leer gesaugt und ausgelaugt und mein Gehirn ist fahl und tot und matt.

Ich feiere plötzlich den Minimalismus ab und möchte so wenig besitzen wie möglich, vielleicht, weil ich nach 150 Mal App öffnen wohl unterbewusst einfach Lust darauf habe, eine weisse Wand anzustarren, und so hocke ich an einem alten Holztisch, der total viel Bodenständigkeit und Ruhe ausstrahlt und surfe weiter im Netz.

Manchmal, wenn ich in dieser Art von dystopischer Leere hocke und mich frage, warum mich das Grün der Blätter nicht mehr interessiert, obwohl ich doch extra raus an die frische Luft bin, um mal fünf Minuten zu detoxen, erinnere ich mich vage daran, dass ich mich früher lebendiger fühlte, irgendwie mehr in Verbindung mit dem Moment wie er ist, und nicht, wie er sein muss, damit ich ihn für meine soziale Belohnungsschlaufe missbrauchen kann.

Alles, was ich sehe, ist automatisch schon ein Selfie-Motiv, ein Hashtag. Ich habe alles schon mal im Netz gesehen, habe überall schon gegessen, alles schon gefühlt.

Wir suchen dann den nächsten Kick, das nächste Abenteuer, wir wollen was erleben und es mit der Welt teilen, wir fahren dann in ein Riesenaquarium und drücken unsere Smartphones an die Scheiben. Und schauen uns die Tiere, die darin schwimmen, gar nicht mehr an, obwohl wir sie extra für unser Vergnügen weggesperrt haben. Wir drücken einfach ab und laufen ein Becken weiter und drücken wieder ab und laufen weiter, um am Ende 50 digitale Bilder zu haben von einem Ort, für den wir Eintritt bezahlt haben, den wir aber mental gar nie betreten haben. Scheissegal, wie einsam wir uns vor diesem Aquarium fühlten, scheissegal, ob wir uns auch nur an ein Tier noch erinnern mögen, daran, wie es heisst oder wo es lebt oder ob es bedroht ist. Hauptsache, wir zeigen der Welt, dass wir etwas erlebt haben, auch wenn wir nichts empfunden haben dabei.

Wann habe ich mich das letzte Mal wirklich verloren im Moment? Bin abgetaucht, habe die Welt um mich herum vergessen? 15 Minuten dauert es, bis der Mensch in einen Flow-Zustand kommen kann, in diesen Zustand, in dem die Zeit stehen bleibt, wir aufgehen in dem, was wir tun. Wir brauchen diesen Zustand, sagt die Psychologie, um etwas zu erschaffen. Um glücklich zu sein. Zehn Minuten dauert es im Schnitt, bis mich das Handy wieder ruft. Damit radiere ich den Flow-Zustand aus meinem Leben. Er ist so selten geworden wie ein Sommerregen, der über meinen Kopf prasselt, weil ich vergessen habe, den Wetterbericht aufzurufen und daheim zu bleiben.

Wer wird noch Grosses erschaffen, wenn er sich nicht mehr konzentrieren kann? Wozu machen wir jahrelange Ausbildungen, wenn wir die Gedanken nicht mehr aneinanderreihen können? Was erschaffe ich noch, wenn ich es nicht mehr hinkriege, in meine tiefsten Tiefen vorzudringen, weil ich mich alle paar Minuten selbst unterbreche? Wie kreativ und bunt wird diese Welt sein, was wird sie an Neuem gebären? Wer spielt in ein paar Jahren noch herausragend Cello, löst die krassesten Matheaufgaben, entdeckt neue Galaxien? *Artificial Intelligence*, wahrscheinlich.

Dann googeln wir Prokrastination, schauen ein Video dazu und schreiben unserer Freundin, dass wir, mann!!!, einfach nichts hinkriegen, und sie sagt, ach, scheisse, ich auch!!! versteh ich voll!!!, so fühlen wir uns ein bisschen besser, klicken weiter und versuchen, den günstigsten Flug zu finden und das schönste, eierschalenweisse, fair produzierte, in Europa genähte und ewig haltbare Geschirrtuch.

Wir bleiben einfach auf dem Sofa liegen und verlassen die Wohnung nicht mehr, weil die Angst so gross ist, etwas falsch zu entscheiden. Und wir so wenig Energie haben, überhaupt noch zu entscheiden. 35.000 Entscheidungen muss ein Mensch jeden Tag treffen, sowieso schon, unbewusst und bewusst, und dann ballert uns Galaxus mit 3558 schwarzen Tennisschuhen voll.

Dabei gäbe es doch so viel zu tun. In diesem ganzen globalisierten Wahnsinn, in dem wir uns gerade befinden. So viele Minderheiten diskriminiert, so viele Wälder brennen, so viele korrupte Politiker, Pandemien, die die Börsen zusammenkrachen lassen.

Aber oft, Leute, reicht die Kraft nicht für mehr als einen *repost*. Den Freiwilligeneinsatz verschieben wir auf nächstes Jahr. Ich zerbreche grade an den 367 Flugmöglichkeiten nach Mallorca, self check-in, Etikette selber ausdrucken, keine Rückerstattung, Hotline tot.

2008, ich lasse meinen Blick durch die Bar streifen und bleibe manchmal hängen, ich lächle rüber oder geh gleich hin und sage, hey, und du so, dann reden wir miteinander und finden uns gut oder lassen es bleiben. Manchmal sagt einer, ich bin öfter hier, du auch, lass uns wieder treffen, genau hier, in ein paar Tagen, und ich sage, ist gut. Dann gehe ich nach ein paar Tagen wieder hin und manchmal ist der andere auch da und manchmal ist er es nicht, dann bin ich kurz enttäuscht und bleibe einen Moment lang sitzen und fühle mich töricht und leer.

2009 kaufe ich mein erstes Smartphone, ein Iphone, von Beginn weg ein Iphone, ich will mich auf der sicheren Seite der Geschichte wähnen, auf der guten, auf der magischen, ich will teilhaben am Mythos Apple, am Mythos Steve Jobs. Das Gerät in meiner Tasche wird zu meinem Türöffner in eine neue Welt, zum stummen Erkennungsmerkmal der jungen Generation, der Menschen, die verstehen, was Wandel ist und ihn mitgestalten wollen. Ich höre Musik damit, ich schreibe Notizen, ich stelle die ersten Bilder auf Facebook, ich markiere die ersten Leute, bald wird mir klar, dass die besseren Bilder mehr Likes bekommen und lade deshalb nur noch diese hoch.

Ich bekomme die ersten Komplimente, erste mir fremde Männer, die über die Plattform fragen, wie viel eine Nacht mit mir kostet, vielleicht, weil ich roten Lippenstift trage, auf meinem Profilbild, vielleicht, weil ich einen Allerweltsnachnamen trage oder genau den gleichen Namen wie eine amerikanische Pornodarstellerin. Ich lerne, dass ich gut aussehen soll, aber nicht zu provokativ. Ich lasse die Leute auf Social Media daran teilhaben, dass ich ins Ausland studieren gehe, wow, krass, wow, schau, ich beginne, darauf zu achten, dass ich zur richtigen Zeit in den richtigen Clubs bin und viele Menschen darauf aufmerksam mache, wie gut mein Leben gerade ist, auch wenn es sich innerlich ganz anders anfühlt.

Mai 2020, 14:52 Uhr, 56. Entsperrung, Drei Stunden 30 Minuten Bildschirmzeit. Ich frage mich, ob es wahre Liebe noch gibt, verliere mich auf Wikipedia in ein paar Begriffsdefinitionen und swipe dann auf Tinder weiter.

2579 Männer könnte ich heute theoretisch daten, ich darf mich durchprobieren, bevor ich mich binde, und sobald sich der hässliche Filter der Realität über meine Liebe legt, wische ich neu.

Ich muss die grosse Liebe finden und den perfekten Mann, ich lebe in einer Gesellschaft, die das Single-Sein feiert und es gleichzeitig verbannt, und der Algorithmus errechnet mir innert weniger Minuten den vermeintlich perfekten Partner fürs Leben, also date ich und date ich und tindere und tindere und melde mich bei Parship an und bei ElitePartner, auch wenn ich schon jemanden zuhause habe, der für mich kocht oder das Geld nach Hause bringt, mit dem ich ein Fertigbauhaus gekauft habe und bei dem ich weiss, dass er den Erdbeer-Joghurt im Kühlschrank fertig isst.

Denn du, Smartphone, hältst noch die grossen Mysterien für mich bereit, den grossen Kick mit nur einem Klick, in dir kann ich abtauchen in eine Welt, die sich so viel mehr nach Rausch anfühlt als das, was ich zuhause an mich rangelassen habe. Mit dir fühlen sich so viele Ehen nicht mehr wie ein Scheitern an, sondern nur wie eine Möglichkeit von vielen. Wir können uns als Vergebene noch begehrt fühlen, obwohl uns zuhause niemand mehr anfasst, wir können als Getrennte in neue Augen schauen und uns sagen lassen, wie hübsch wir sind. Wir können als Singles Herzschmerz fühlen, wenn wir geghostet werden und können die Stille in unserer Einzimmerwohnung besser überbrücken.

Selbst wenn ich Tinder lösche, hat sich Tinder doch unausweichlich in mein Gehirn gebrannt. Es wird mich grosse Überwindung kosten, meine Wahl für die beste Wahl zu halten, weil da immer das vermeintlich Bessere wartet, ich muss nur ein gutes Foto hochladen und zwei, drei gerade Sätze formulieren, ein bisschen meinen Po trainieren oder mich auf intellektuell trimmen, mit dem Hund spazierend posieren.

Und wenn ich dich endlich bei mir zuhause auf dem Sofa sitzen habe und sich herausstellt, dass du gar nicht so perfekt bist wie das Bild von dir, das du ins Netz gestellt hast, macht das nichts, ich kann dich zurückschicken wie ein Paket, das der Lieferdienst vor der Haustür wieder abholen kommt, weil die Grösse nicht passte oder man sich doch im Stil geirrt hat, weil man dachte, mal was Neues ausprobieren.

Und will ich es doch versuchen, mit dir, habe ich Angst, dass du mich ablehnst. Dass du falsche Brüste gewohnt bist oder dachtest, ich sähe besser aus, für mein Alter, es tut mir leid, dass ich nicht so lustig bin, gar nicht kochen kann, ich wollte ein bisschen angeben, dein Glück sein, endlich das, wonach du so lange schon suchst.

Ich habe mich dargestellt, wie sich alle darstellen, so unglaublich klug, makellos und so heiter, so schwerelos, für alles zu haben, grenzenlos glücklich und erfolgreich, aber in Wirklichkeit ist alles ein bisschen anders.

Manchmal weiss ich nicht, wohin mit mir. Ich habe gute Freunde, aber oft reicht mir auch mein Feierabendbier, ich geh nicht so oft tanzen und so dünn war ich nur in diesem einen Sommer 2015, als mein letzter Freund mich verliess und ich nicht mehr viel ass, für eine Weile.

Im Grunde bin ich neurotisch und mag keine Hunde, ich möchte schon seit Jahren Gitarre spielen lernen, aber schaffe es nicht. Ach, schade, du musst weiter, alles klar, macht nichts, alles gut, ich bewerte dich mit fünf Sternen, ist doch klar, ist das Mindeste, danke für deine Zeit.

Und wenn ich sie dann gefunden habe, die grosse Liebe, lass ich die Dinge nicht mehr so gerne wachsen und sich langsam entwickeln. Ich schlafe dann mit ihm und schreibe meinen Freundinnen, wie gross sein Penis ist, ich schicke sofort Fotos und feiere unsere neue Beziehung auf Instagram, ich poste öffentlich, dass wir wandern waren und wenn ich sehr viel Glück habe und schwanger werde, poste ich ein Foto von meinem dicken Bauch und alle schreiben, wunderbar, herzlichen Glückwunsch, wow, wie schön!!!

Ich schreibe ihm jeden Tag, dass ich ihn liebe, ich schicke Herzen und Emojis und Sprachnachrichten, und wenn ich anrufe und er geht drei Stunden nicht ran, mache ich mir Sorgen, und wenn ich schreibe, na, was machst du, und er schreibt nicht gleich zurück, denke ich: Schreibst du mit einer anderen? Du hast doch gesehen, dass ich dir geschrieben habe, die

blauen Häkchen leuchten, du hast die Sprachnachricht abgehört, warum gehst du nicht ran?
Wo warst du, wer ist dieses Mädchen, in deinem Feed, was machst du, wenn ich schlafe?

Dann dreht sich alles immer schneller, in meinem Kopf und in unserer Liebe, dann schreiben
wir uns immer und schicken Fotos und melden uns, so schnell, dass wir öfter damit
beschäftigt sind, uns unsere Liebe zu gestehen als sie zu vermissen. Und jeder Versuch von
mir, mal ganz bei mir selbst zu sein, ohne, dass ich dir alles sofort kommunizieren muss,
ohne mit dir über dieses Gerät in Dauerkontakt zu sein, ist kein legitimer Versuch mehr.
Meine digitale Abgeschiedenheit ist ein Verrat an der Liebe, ein Abbruch jeder Verbindung.

Bald bist du mir so langweilig wie eine Textnachricht an einem Dienstag, nichts, was ich
nicht von dir wüsste, ich kenne alle deine Freunde, ich sehe auf Facebook, für welche
Veranstaltungen du dich interessierst, und deiner Mutter gefallen meine Posts. Ich habe keine
Geheimnisse mehr, und so schaue ich mir auf Social Media all die berauscht junggebliebenen
Paare an, die polyamourös und in offenen Beziehungen lebend durch die Nacht wandern und
hasse es, dass wir schon wieder um halb sieben essen.

Jetzt sitzen wir an diesem Tisch, ich habe extra ein romantisches Wochenende für zwei
gebucht, um mal wieder was zu erleben, ich habe mir ein Kleid angezogen und meine Haare
nach hinten gekämmt. Du schaust kurz in die Karte und lächelst müde und starrst nun bei
Kerzenlicht in dein Gerät, was soll ich denn tun, es dir verbieten? Soll ich dich darum bitten,
deinen Blick auf mein Dekolleté zu legen oder mich zu fragen, wie mein Tag heute war? Es
ist vielleicht besser, wenn ich die Antwort gar nicht kenne, wenn auch ich scrolle, wenn auch
ich schreibe, ich mach kurz ein Foto von dir, schau mal her, hey, schau mal, bitte, lass mich
hier nicht so stehen.

2012 verliebe ich mich in einen neuen Mann, er ist grossgewachsen und schlank, er kauft noch alles auf CD und sagt, manchmal überkomme ihn Traurigkeit, wenn er daran denke, dass keine jungen Leute mehr in die Oper gehen und die klassische Musik stirbt und alle sich nur noch irgendeinen Scheiss auf Youtube reinziehen, doch ich verstehe nicht so recht, was er damit meint.

Ich bin froh, dass er nicht ständig Selfies von sich macht und unseren Beziehungsstatus nicht postet, weil ich froh bin um ein bisschen Privatsphäre und Angst habe, dass wir uns so schnell wieder verlassen, dass ich den Status sofort wieder ändern muss und dann die halbe Welt mitbekommt, dass ich nicht bindungsfähig bin. Wir fahren in den Urlaub und ich sehe dabei zu, wie andere Männer ständig ihre Kameras auf ihre hübschen, jungen Freundinnen richten und sie abbilden, wie sie lachen und posen und halbe Tage dafür draufgehen, während meiner sich lieber die Landschaft anschaut. Sag mal, warum fotografierst du mich nicht? Warum willst du meine Schönheit nicht festhalten? Warum bewunderst du mich nicht? Woher soll ich wissen, dass ich was zähle, warum schaust du mich nicht an, warum bestätigst du mich nicht?

Juni 2020, 11:56 Uhr, 63. Entsperrung, 4 Stunden 13 Minuten Bildschirmzeit, diese Hitze, diese verdammte Hitze. Ist das nun der Klimawandel? Diese verdammte, farblose, überreizte Zeit.

So viele Informationen, so viele Probleme. Und ich, die alles mitkriegt, sobald ich den Browser öffne. Eine Flut an Hilflosigkeit, und ich, die doch überall helfen könnte, alles ändern könnte. Ich habe doch die Macht, ich hätte eine Stimme, hat nicht jeder im Internet das Potenzial, eine Revolution anzuzetteln?

Corona, Klimawandel, Flüchtlingskrise und irgendeiner, der wieder durchdreht und ein Auto in eine Menge rasen lässt, jedes dritte Paar kriegt keine Kinder, bald sterben alle an Krebs oder werden dement und geistern in Altersheimen rum und werfen Dinge um sich, und werden dann sediert.

Also wechsle ich mein Profilbild, ich teile Artikel über den Klimastreik, ich trage feministische Argumente zusammen und schliesse mich virtuellen Gruppen an, zusammen schimpfen und posten wir und versuchen mit all unserer Kraft, die Welt zu ändern, *sharing is caring*, auch wenn wir uns in unseren eigenen Bubbles nur um uns selbst drehen. Und dabei alles, was so gut gemeint ist, eigentlich schon lange niemanden mehr erreicht, der anderer Meinung wäre. Aber das Ganze ist sicherer, als rauszugehen und sich dieses ganze Drama in echt anzuschauen.

Juli 2020, 13:18 Uhr, 45. Entsperrung, 2 Stunden 18 Minuten Bildschirmzeit, ich habe eine halbe Stunde lang das perfekte Rezept für Gazpacho gesucht, dann aber einen Kochlöffel gekauft.

Ich laufe in der Unterführung zu einer Frau hin, sie hat schöne Haare, sie glänzen im Licht, ein Kupferrot, ich tippe ihr auf die Schulter und sage, du hast schöne Haare, sie bleibt verdutzt stehen und nimmt die Kopfhörer aus den Ohren. Du hast schöne Haare, wiederhole ich, sie lächelt, oh, vielen Dank, und ein paar Sekunden lang schauen wir uns an. Ich habe mir den Weg gebahnt in ihr Gehör, ich habe mich überwunden und sie angesprochen, obwohl sie dadurch Aufwand hatte. Sie musste stehenbleiben und sich die Airpods aus dem Ohr nehmen und sie in der Hand halten und dann wieder schauen, welcher rechts ist und welcher links. Vielleicht wird ihr dann auffallen, dass sich Schmalz festgefangen hat und sie wird sie kurz reinigen müssen, vielleicht verpasst sie sogar ihren Zug.

Ich laufe weiter und bin mir nicht sicher, ob ich richtig entschieden habe. Ob ich mich und mein Bedürfnis, ihr ein Kompliment zu machen, über ihr digitales Leben gestellt habe. Vielleicht hatte sie sich gerade die Sprachnachricht ihrer Mutter angehört, oder sie war in Gedanken versunken. Vielleicht ist das, was ich ihr zu bieten hatte, im Gegenzug zu dem, was ihr die digitale Welt grad bot, gar nicht so gut.

Manchmal wünschte ich, die Menschen um mich herum wären zugänglicher, ich wünschte, wir würden uns häufiger ansehen. Manchmal schaue ich von meinem Gerät auf, im Bus, auf der Rolltreppe, im Park und merke, wie still der Raum geworden ist, in dem ich mich bewege. Dass es immer schwieriger wird, mir Zugang zu einem fremden Leben zu verschaffen. Ich wünschte, ich müsste mich nicht durch Airpods und Sonnenbrillen und Bildschirme hindurchkämpfen, um in Kontakt zu kommen. Ich wünschte, unser Alltag wäre nicht so geschaffen, dass es uns anstrengender scheint, ihn bewusst zu erleben als uns davon abzulenken.

Ich frage mich dann manchmal, ob das immer schon so war. Ob ich einfach im falschen Land lebe und die Digitalisierung dieses Einigeln verstärkt, das die Schweizer sowieso schon haben, dieses Neutralisieren. Dass man so tut, als hätte man die gleiche Farbe wie die Tapete, vor der man steht, ein Beige, ein Grau. Bloss kein Blau, kein Gelb, Farben sind für Verrückte, laut lachen ist für Verrückte. Ihren Emotionen freien Lauf lassen nur die Betrunkenen, die

Arbeitslosen und die Kinder, alle anderen benehmen sich, wo kämen wir sonst hin? Wollen Sie etwa die Demokratie destabilisieren? Züge müssen pünktlich fahren können und wir alle aneinander vorbeikommen, ohne gross Wirbel zu machen. Wirble ja keinen Staub auf. Und so ist es in den Zügen ganz still. Und jetzt, wo alle sich in ihre digitalen Welten zurückziehen, noch ein bisschen stiller, totenstill. Eine unsichtbare Absperrung vor jedem Menschen, ein unsichtbarer Glaskasten, über ihn gestülpt. Klopfst du?

Ich würde manchmal gerne mit Fremden darüber reden, dass wir uns alle so fremd geworden sind, an der Bushaltestelle, im Zug. Mit all diesen Menschen, die neben und vor mir in der Öffentlichkeit sitzen und sie mit mir teilen und die gleiche Luft einatmen wie ich selbst, die mir aber so abgewandt sind, in ihre eigenen Welten verschwunden. Und ich, die sich abgewandt hat von ihnen. Dabei wäre doch da diese Sehnsucht, im gleichen Boot zu sitzen. Na, wie fühlen Sie sich gerade? Und Sie?

Dabei lege ich mir ja selbst gerne mit Spotify einen Soundteppich unter mein Leben, weil, dann habe ich wenigstens emotional das Gefühl, die Heldin eines Dramas zu sein, jemand, der Wände hochklettert wie Spiderman. Ich träume mich auf meiner Tramfahrt einfach in meinen eigenen Film, in eine sehr aufregende, lebendige Zeit, während ich in Wirklichkeit damit beschäftigt bin, mein Email-Postfach von Werbemails und Koch-Newslettern zu befreien.

Und so sitzen wir alle stumm da, bis wir ausrasten und durchrasten und mit Autos in Mäste fahren, und wenn jemand in der Strassenbahn plötzlich tanzt oder laut lacht, ohne irgendeinen sehr guten Grund, Spass haben zu müssen, dann schütteln wir die Köpfe, halten ihn für übergeschnappt und filmen ihn, dann landet er im Netz und wird dafür gefeiert, das ist noch echte Lebensfreude, so viel Authentizität, geiler Typ!!

Warum also die Gehörgänge und die Augen offenhalten. Es ist ja nicht so, als ob jemand schauen würde oder reden wollen oder lächeln oder sonstwie ein Miteinander erschaffen. Davor haben wir schon viel zu lange viel zu grosse Angst. Der Mensch neben uns stört oft nur noch. Der öffentliche Raum dient heute nicht mehr einer Öffentlichkeit, er ist nur noch ein Ort, an dem viele Menschen ihren privaten Angelegenheiten nachgehen.

Und wenn wir dann doch mal ins Ausland reisen, Tapetenwechsel, mal was Neues, chatten wir in Hotelzimmern und in Bars und in Cafés und in Flugzeugen mit all denen weiter, die gar nicht da sind, mit denen wir jedoch keine Sprachbarrieren überwinden müssen und keine kulturellen Schwierigkeiten. *Digitally remote* ist sowieso die Zukunft, ortsungebunden arbeiten, den Kaffee von Starbucks an irgendeinem Strand, Essen nach Hause liefern lassen per Uber Eats, täglich Skypen mit der besten Freundin. Gar nichts mehr da, was uns zwingen würde, vor die Haustür zu gehen und uns auf das einzulassen, was sich vor unseren Augen wirklich abspielt und überfordert, wir können in die Ferne reisen und uns ist nichts mehr je noch fremd.

Dabei tragen wir sie alle in uns, diese stille Sehnsucht nach einem echten Leben, nach Abenteuer, wo wir die Jahreszeiten wieder auf der Haut spüren und die Arbeit in den Knochen, diese romantisierte Idee eines Landlebens oder eines Aussteiger-Jahrs, einer Weltreise auf einem Boot, all das, was wir in Wirklichkeit dann doch nie aushalten würden, weil es bedeutet, dass wir um fünf Uhr aufstehen und nach Mist stinken, dass es kalt und unbequem wird und wir vielleicht die Sprache nicht verstehen, Durchfall kriegen und keiner da ist, der uns Essen nach Hause liefert.

Doch wir sind hungrig nach Leben. Hungrig danach, uns zu spüren. Ecken und Kanten, nicht immer nur glatte Oberflächen. Wir haben so eine Sehnsucht nach dem Realen, dass die Google Headquarters jetzt Bücherregale an die Wände schrauben, in denen physische Bücher stehen, die keiner liest. Hipster in den Städten stellen sich alte Beizentische in die Wohnungen und bestellen atmungsaktives Leinen und interessieren sich für Root-to-Table-Foodkonzepte, wir haben die Nase voll davon, mit Scheisse vollgepumpt zu werden, die so sehr durchprozessiert ist, dass ihr jegliches Leben abhanden gekommen ist. Wir Menschen spüren den Unterschied zwischen etwas, das lebt, und etwas, das nicht lebt, da können wir machen, was wir wollen.

Deshalb sehne ich mich nach menschlicher Verbindung. Weil diese Sehnsucht so alt ist wie die Menschheit selbst. Und wir als Spezies nicht überlebt hätten, ohne einander. Und so kommt es, dass mich eine Traurigkeit befällt, wenn ich ein Problem mit meinem Mixer habe. Ich wünschte dann, ich könnte irgendwo anrufen und sagen, hallo, ich habe ein Problem mit meinem Mixer, und die Person am anderen Ende würde nicht nur wissen, was zu tun ist, sie würde auch mitfühlen, mich verstehen.

Sie würde mir mit ihrer Stimme signalisieren, dass sie ein Mensch ist und Gefühle hat und auch schon in einer ähnlichen Situation war. Sie würde mir vielleicht sogar jemanden anbieten, der mein Problem löst. Dieser Mensch würde bei mir zuhause vorbeikommen oder ich würde zu ihm laufen, Gehdistanz. Und ich wüsste wieder, dass die Welt in Ordnung ist. Oder dass zumindest, wenn alles zusammenbricht und nichts mehr geht, da jemand ist, der hilft.

Oft aber sind da nicht mal mehr Menschen, es sind kalte, automatisierte Stimmen, auf weich getrimmt, ein bisschen Musik, eine Warteschlaufe, ein Chat-Bot, der so tut, als sei er mein Freund. Irgendwelche Interaktionen, die befremdlich auf mich wirken, weil sie gar nicht existieren, weil ich nur mit einer Maschine kommuniziere und die Maschine nicht wirklich mit mir. Das kriegen wir auch noch gebacken, sagen die Zukunftsforscher dann, die künstliche Intelligenz wird sich anpassen, immer menschlicher werden, bald werden wir gar nicht mehr merken, was Mensch ist und was Maschine.

Es gibt jetzt Gummipuppen, die mithilfe von Artificial Intelligence individualisierte Blowjobs geben können, Roboter ersetzen in Altersheimen das Pflegepersonal, und die Katzen, die machen den Rest. Die sind da, um die Alten zu trösten, wenn sie ganz alleine sind und kein Mensch mehr da, Katzenfell streicheln, haben Studien bewiesen, ist gut für das Nervensystem. Das beruhigt.

Wie schön dieses neue Leben sein muss für alle, denen menschliche Interaktion immer zu anstrengend war und der Mensch in seinem Menschsein zu unvermittelt chaotisch. Und während manche ein System entwickeln, in welchem urmenschliche, aber in den Augen der logarithmischen Effizienz unnütze Komponenten leider nicht viel zählen, buchen wir anderen Meditationskurse oder Achtsamkeitsseminare, um mit diesem neuen System, das uns emotional überfordert, besser umgehen zu können. Wir packen dann unsere Wollsocken ein und fahren in die Berge und verkünden stolz auf Facebook, dass wir Offline!! gehen, hey, nicht erreichbar, ok, keine Sorge, nur ein paar Tage!!, dann liken das noch ein paar Leute und einige schreiben, hey, viel Glück, und andere schreiben, würd ich auch gerne mal machen, sicher toll, beneide dich.

Mit Dreissig sitzen wir dann zusammen in der Kneipe und denken laut darüber nach, auszusteigen und nochmals ganz von vorne zu beginnen, ein halbes Jahr auf Weltreise zu gehen oder eine alte Scheune zu renovieren, Hauptsache, weg von all dem Scheiss.

Hauptsache, in Welten abtauchen, in Gegenden dieser Welt, wo sich noch nicht eine 5G-Antenne an die nächste reiht, wo wir noch ohne Wlan sind und die Strassen noch staubig, die Leute noch ärmer und die technologischen Revolutionen noch weit weg, der Kapitalismus und die Industrialisierung und all die glänzenden Fassaden und die gemachten Gesichter und die Millennials und die neurotischen Lebensmodelle und die *portable computers* und die neusten Apps.

Dann hocken wir auf unseren Schlafmatten in Kirgisistan auf einem Berg, setzen uns neben eine Ziege und atmen mal durch und hoffen, dass wir uns nun endlich, nach all dieser Zeit, Momente und Gefühle des einfachen Lebens konservieren können und hoffen insgeheim, dass unser Körper so klug ist, sich für immer an dieses Gefühl zu erinnern. Dass er gegen alles ankämpft, was diese Ruhe und diesen Frieden wieder kaputt macht.

Wir hoffen, dass sich alles ändern wird, wenn wir in den Städten dieser Welt wieder in unseren eigenen Zimmern sitzen, wir kaufen uns ein Meditationskissen oder ein gutes Buch am Flughafen und versprechen uns innerlich, uns selbst nie wieder zu verlassen.

2016, ich bin seit vier Jahren selbstständig, ich antworte bis kurz vor Mitternacht auf E-Mails, obwohl das niemand von mir verlangt und fühle mich wichtig dabei, ich klappe im Zug und im Café und in irgendwelchen Landbeizen meinen Laptop von Apple auf und gehe über den Hotspot meines iPhones ins Netz. Ich schere mich nicht darum, ob Leute am Nebentisch grade essen wollen und mein Hämmern auf der Tastatur sie davon abhält, sich einem netten Gespräch zu widmen.

Die ständige Erreichbarkeit ist mein neues Statussymbol, es soll meinen Auftraggebern suggerieren, dass ich immer liefere, dass ich potent bin, jung und willig, dass ich die Zukunft bin, eine Frau, die mühelos mit allem mithält und in einer Geschwindigkeit Beobachtungen abliefert, die jedem Online-Redakteur gefallen. Ich will einen Platz ergattern, sollen die Alten doch gehen. Sollen sie sich doch weigern, Videos zu drehen und sich eine Social-Media-Präsenz aufzubauen, sollen sie ignorant darauf bestehen, dass es nur um Inhalte geht und Null um Egos, Namen und Identitäten. Derweil arbeite ich an meiner *corporate identity* - ich muss mich zur Marke machen, das ist mir längst klar.

Ich poste meine Artikel auf Social Media. Ich erhalte die ersten Likes für meine Arbeit, beginne, mir zu überlegen, was ich wann wie darstelle, damit es professionell wirkt. Wie es persönlich klingt, nicht zu abgehoben, wie lange ein Post sein soll und ob ich ihn besser an einem Dienstag oder an einem Sonntag poste, vor der Mittagszeit oder danach. Währenddessen stellen sich Chefredaktoren in den Newsrooms vor die Belegschaft und raunen was von *online first*. Schaut auf die Klicks, sagen sie, seid schneller als die Konkurrenz, Anschlag auf Charlie Hebdo, warum haben wir das nicht als Erste? Schreib was ins Internet, auch wenn wir noch keine Belege haben, besser irgendwas als gar nichts.

Niemand wartet mehr, bis alle Fakten gesichert sind. Und wenn wir es tun, dann schauen wir in die Röhre, sind die Idioten! Ladet Fotos hoch, verdammt nochmal! Wir brauchen Videos, wir brauchen schreiende Opfer, wir brauchen Blut, wir brauchen Angst, wir brauchen Terror, wir brauchen Leserreporter! Print ist tot, sagen sie, Print ist tot, es lebe das Internet! Es lebe das Kurzfutter. Macht ein paar Querverweise, macht Videos rein, die Verweildauer ist das Wichtigste, lasst sie weiterklicken. Der Klick bestimmt, ob wir überleben. Macht eine gute Mischung aus Information und nackten Ärschen, egal, ob die Demokratie davon abhängt, die Masse verlangt nackte Ärsche, versteht ihr? Los.

Aber bitte, nicht nur Katastrophen-News, kein *doomscrolling* mehr provozieren, sagen die Chefredaktoren. Dieses endlose in sich Hineinfressen von negativen Schlagzeilen, Psychologinnen haben das als schädlich für die psychische Gesundheit eingestuft, deshalb, ab und an jetzt auch mal: *good news, constructive journalism.*

Wenn ich in einen Club gehe, dann hoffe ich, dass ich nicht so betrunken bin, dass ich nicht mehr weiss, was ich tue. Nicht, weil meine Eltern dann wütend wären. Sondern, weil ich Angst habe, dabei gefilmt zu werden. Der Film dann im Netz. Mein Leben, digitalisiert und ausser Kontrolle. Und nichts, was ich tun könnte. Niemand, der das löscht. Jeder Moment der Unachtsamkeit könnte einer sein, der mich für immer an den Pranger stellt.

Manchmal bin ich kurz davor, meinem Freund ein Nacktbild zu schicken. Ich tue es nicht.

Ich mache die ersten Auslandreisen, ich fahre nach Indien, ich fahre nach Marokko, ich fahre nach Italien, ich fahre nach Israel. Ich steige ins Flugzeug und muss den Flugmodus reinmachen, dann ist lange Zeit nicht viel los. Ich schaue mir an Bord ein paar Filme an und lese ein paar Seiten in einer Zeitschrift, ich betrete nach der Landung fremden Boden und schaue, dass ich an einem Taxistand ein Taxi kriege, verstehe kein Wort dieser Männer, die versuchen, mir die Welt zu erklären und fahre erstmal ins Hotel.

Ich versuche manchmal, das WLAN-Passwort nicht mitzuschreiben, die Damen an der Rezeption strahlen mich dann immer an und sagen begeistert, schauen Sie, gratis WLAN, ganz schnelles, im Zimmer! Im Restaurant, auch am Pool! Auch am Strand! Wir wollen sichergehen, dass es Ihnen an nichts fehlt. Das Wasser kostet 2.50 Euro in der Minibar, dasjenige aus dem Wasserhahn dürfen Sie nicht trinken, aber das Internet, das ist kostenlos, und auf Booking.com rühmen es alle als das schnellste weit und breit. Ich laufe an den Strand und atme die Luft ein, ich schaue mir an, wie die Leute auf ihren Mopeds an mir vorbeirasen und weiss, jetzt hat mich für ein paar Wochen die Welt verschluckt, ich stehe am anderen Ende der Welt und nichts von Daheim, was mich erreicht. Nichts, was sich über das hier legt, was vor mir liegt. Keine E-Mails, keine Rechnungen, keine nervösen Updates, keine Nachrichten. Einfach verschluckt, einfach woanders.

Manchmal, wenn ich mein Handy absichtlich im Hotelzimmer lasse und am Pool liege, wünschte ich mir plötzlich, ich könnte meine Beine fotografieren, sie sehen grade so schlank aus, die Sonne steht günstig, *golden hour*, ich spanne die Haut an und ändere den Winkel, wenn ich jetzt ein Foto mache und es hochlade, bewundern mich die Leute und denken, so schlank bist du, Wahnsinn, *guapa*, schön!!!, dann werde ich zurück ins Hotel gehen und für ein paar Tage weniger essen. Manchmal gehe ich doch das Handy holen und versinke dann darin, Dutzende Bilder von meinen Beinen zu machen, ich mache so lange Bilder von ihnen, dass ich gar nicht merke, wie die Luft sich abkühlt, bis ich plötzlich aufschaue und um mich herum kein Mensch mehr, alle schon beim Essen. Ich lasse das Handy immer seltener im Zimmer liegen.

Wenn ich aus dem Haus gehe, nehme ich es immer mit, ich könnte in Gefahr geraten, mich verirren, Hilfe brauchen. Ich habe Angst, so ganz ohne Telefon, ich rede mir dann ein: Wenn dir jetzt was passiert, dann bist du selber schuld, hast ganz allein auf dich vertraut, wie töricht. Und ich muss erreichbar sein, für meinen Freund, da sein, wenn er mich braucht. Vielleicht stirbt auch plötzlich Opa, und ich war nicht da, als der Anruf kam. Das würde ich mir nicht verzeihen.

Und sowieso, mein Chef liest heute meinen Artikel, vielleicht sind noch Fehler drin, wer geht schon am helllichten Tag spazieren und macht Pause, ich sollte am PC sitzen, sollte am Handy kleben, sollte weitermachen, zu viel steht auf dem Spiel. Zu vieles von meinem Leben steckt schon in diesem kleinen Gerät. Ich muss eingekaufte Produkte bezahlen, ich muss Tickets vorweisen können, ich muss mir Notizen machen, ich muss Leuten antworten, ich muss Wege googeln, ich muss Verbindungen checken, ich muss Einkaufslisten schreiben, ich muss Bilder machen, ich muss Musik hören, ich muss Schuhe bestellen, ich muss mein Leben managen.

Ich kann keine Bar mehr betreten, ohne, dass ich einen QR-Code scannen muss und meinen ganzen Namen eingeben, mein Geburtsdatum, die Verweildauer. Ich kann keine Zeitungen mehr lesen, weil sie da nicht mehr liegen. Ich kann an den meisten Orten, an denen ich einkaufe, nicht mehr bar bezahlen, nur noch mit Karte. Wenn mir jemand für ein Treffen eine digitale Kalender-Einladung schickt und ich auf Ablehnen drücke, ruft die Person manchmal verwirrt an und fragt, ob ich absagen wolle. Ich sage dann, nein, ich habe ja zugesagt, mündlich, am Telefon, ich habe nur abgelehnt, mir einen Termin eintragen zu lassen.

Ich treffe den Menschen, der bei einem grossen Schweizer Unternehmen für den Bereich Digitalisierung und Gesellschaft zuständig ist, zum Mittagessen und versuche, ihm zu erklären, dass es mir nicht darum geht, das Internet abzuschaffen, sondern, dass es darum geht, soziologische und psychologische Fragen in die Debatte um die Digitalisierung einzuschliessen. Fragen danach, was mit der Seele eines Menschen passiert, was er braucht, damit es ihm gut geht, wie Gesellschaften zusammenhalten und wie man öffentliche Räume belebt. Er sagt, er verstehe nicht ganz, was ich meine, Psychologie sei nicht wirklich Teil von dem, was sie tun. Vielleicht könne man da was Neues aufziehen, aber für den Bereich "Digitale Selbstbestimmung" eigne sich das alles nicht. In diesem Bereich gehe es nur um Daten und die Herrschaft über die eigenen Informationen, der Bereich sei definitorisch schon voll.

Ich brauche neue Kontaktlinsen, gehe extra zum Optiker. Sie sagen, sie hätten diese Kontaktlinsen nicht, ausverkauft, aber andere, für den doppelten Preis. Ich sage ihnen, dass ich nun halt doch im Internet bestelle, und dass sie sich bei einem solchen Kundenservice nicht wundern müssten, warum die Leute alle nur noch online bestellen, ich hätte extra den Weg auf mich genommen, hierher zu kommen, und sei nun enttäuscht. Ich laufe aus dem Laden raus und merke, wie frech das gerade von mir war und wie unweigerlich ich an meinen Wünschen festhalte und wie einfach Online-Shopping manchmal doch sein kann, wenn klar ist, was man will. Und, dass ich nicht auf die Digitalisierung verzichten will, wenn mir dämmert, wie einfach und profitabel sie für mich manchmal ist.

Ich bestelle einen Schaukelstuhl und lasse mir das Paket in den fünften Stock liefern, der Stuhl ist hübsch, er schaukelt aber nicht richtig. Ich bestelle eine Retoure, sage den Termin aber wieder ab, weil ich keine Energie habe, das alles wieder einzupacken, eine Etikette auszudrucken, die Leute kommen zu lassen, den ganzen Dienstag zuhause bleiben zu müssen, um den Abholtermin nicht zu verpassen, 30 Euro Rücksendegebühr zu bezahlen und einen neuen kommen zu lassen, wobei die Post mir neuerdings an einem Sonntag einen Link per SMS schickt und dazu schreibt: Bestätigen Sie den Termin innerhalb von 24 Stunden mit diesem Link, sonst stellen wir nicht zu.

Ich bestelle mir ein Uber und rede auf der Fahrt mit dem Fahrer darüber, dass er keine Sozialleistungen bezieht. Ich versuche, ihm das Problem mit der Aufmerksamkeitsökonomie näher zu bringen und versuche, ihm zu erklären, dass Uber ihn verarscht und nur ausnutzt, um in ein paar Jahren ganz auf Fahrer zu verzichten. Er lächelt nur und sagt, er möge Uber. Er könne sich seine Zeit viel freier aufteilen und könne auch in der Nacht fahren, und wenn er müde sei, dann fahre er nicht. Ich sage, nun, wenn Sie glücklich sind, dann bin ich auch glücklich, und ich weiss, ich dürfte Uber nicht benutzen, aber praktisch ist es ja schon, sehr praktisch, und überall auf der Welt gleich.

Meine Freundinnen und ich treffen uns zum Brunch, alle lassen ihre Handys auf dem Tisch liegen, alle lassen die Vibration an, alle schauen nach, wenn was reinkommt. Meine Mitbewohnerin sagt, ihr Freund habe grade geschrieben, sie müsse los, spontane Sache, aber gut, ob es mir was ausmache, später noch fertig zu essen? Dauert nicht lange, ich schreib dir, ja?

Ich habe zweimal in meinem Leben, seit ich ein Smartphone habe, mehr als eine Woche am Stück nicht kommuniziert, ich habe es irgendwo weggeschlossen und bin verreist. Ich habe den Strom unterbrochen, keine SMS mehr geschrieben und keine E-Mail und keine Fotos gepostet, und das Interessante ist, dass ich nachts ganz andere Träume hatte. Das fing nach drei, vier Tagen an und hörte nicht mehr auf, ich hatte diese intensiven Träume, die mit meinen Liebesbeziehungen und meinen Ängsten zu tun hatten und meinen grössten Ideen, die ich habe, wenn ich wach bin.

Es ist, als ob meine Gedanken und Gefühle besser reifen konnten, weil sie nicht immer nach ein paar Minuten schon nach draussen befördert wurden. Sondern endlich mal in mir drin blieben wie Früchte an einem Baum, die einfach hängen und warten und besonnt werden, bis sie reif sind und fallen können. Da drückt ja auch keiner alle paar Minuten drauf und schaut, ob sie schon weich sind, und wenn er das tun würde, würden sie wohl vor lauter Druck auf die Erde fallen und verfaulen, bevor sie überhaupt reif waren.

Ich träume jede Nacht, ich kann mich meistens detailliert an meine Träume erinnern, aber nie wieder habe ich so intensiv und tief geträumt wie damals.

In diesen Wochen habe ich gemerkt, dass eine ganz andere Tiefe in mir drin entsteht, wenn da nur mal sieben Tage Ruhe ist. Eine innere Ruhe, an die wir sonst gar nicht mehr rankommen.

Im Gegenteil, wir sind von früh bis spät online und merken gar nicht, dass die Liebe vor lauter Reden gar nicht wachsen kann, die Ideen gar nicht blühen können, der Geist sich gar nicht erholen kann, das Herz keine neuen Dinge fühlt. Die Musik besteht ja auch nicht nur aus Tönen, sondern genauso aus den Pausen zwischen den Tönen, sonst wäre alles nur ein unendlich langer Ton.

Gehen unsere Beziehungen kaputt, wissen wir nicht, was tun, wir können nicht drüber reden und müssten ein wenig Abstand haben, damit klarkommen. Wenn wir Glück haben, können wir eine Mama anrufen, und Mama sagt, jetzt warte doch mal zu, jetzt hört doch auf, per Whatsapp eure Beziehungen zu besprechen. Wenn wir Glück haben und wieder zu uns finden und uns ein wenig beruhigen können, hören wir auf und legen das Handy weg und die Dinge beruhigen sich und wir können Gedanken nachhängen oder träumen oder schlafen oder vergessen und die Antwort zeigt sich von selbst, wenn sich der Nebel der Dauerkommunikation lichtet.

2018 fällt die Roaming-Schranke in Europa. Nie wieder ohne Handy am Strand. Nie wieder Sonnenuntergang ohne Livestream. Nie wieder an einem Ort, an dem ich schulterzuckend sagen kann: Sorry, ich war leider nicht erreichbar, sorry, war einfach dort, und nicht auch noch hier.

Wir haben uns eine Welt geschaffen, in der die krasseste Form der Freiheit darin besteht, nichts zu tun und nichts zu wollen. Früher waren die Leute noch froh, wenn sie mal zwei Stunden nichts zu tun hatten. Heute ist genau diese Vorstellung unsere grösste Angst. Wir schaffen es nicht mehr, das Leben, das gerade ist, einfach auszuhalten. Wir halten uns selbst nicht mehr aus. Wir halten keinen Wind mehr aus, der einfach bläst, kein Kind, das einfach spielt, kein Essen, das einfach schmeckt, kein Fallenlassen in uns selbst, kein Stehenbleiben an einer Ampel, kein Hinhören, wenn jemand spricht.

Wir leben in einer Welt, in der Menschen, die ihre Fitnessvideos auf Instagram teilen, mehr Aufmerksamkeit geniessen als Kriegsreporter und mehr Geld verdienen als Chefärzte, die täglich Leben retten. Dann zucken wir mit den Achseln und sagen: Das ist halt der freie Markt. Das ist das Internet. Es bringt Wunder hervor, es verschiebt Denkmuster und ganze Planeten und krempelt Herrschaftsverhältnisse um. Soll sich der Arzt doch einen Instagram-Kanal zulegen.

Eine Freundin hat sich derweil dazu entschieden, nur noch Kuchen und Gemüsepfannen und Müeslis zu posten, weil sie nicht mehr so viele Follower hat, seit sie eine Wurst gepostet hatte. Privat isst sie noch immer gleich viel Fleisch wie immer, doch online kuratiert sie ihr Essverhalten bubble-getreu. Sie wünscht sich nichts sehnlicher, als dass ein grosses Unternehmen sie anruft und fragt, ob sie nicht Werbung für ein Süssgetränk machen will und dafür mit einem Post mehr verdienen als eine Frau an der Supermarktkasse in fünf Monaten. Dann muss sie sich in ihrem Leben nie eine dieser gelben Westen anziehen und zusammen mit alten Männern durch die Pariser Strassen ziehen und für ihre Rechte kämpfen, mit all den armen, alten Schweinen, die nicht verstanden haben, wie man sich virtuell zu einer Marke macht, die sich verkauft.

Es gibt Menschen in Asien, die so alt sind wie ich und in ihrem Leben noch nie einen physischen Körper berührt und dabei sexuelle Gefühle empfunden haben, weil Gummipuppen per Onlineshop und Dauerpornoschleife sie auf das reale Leben nicht vorbereiten konnten. Es gibt Menschen in Asien, die sich über Jahre nicht mehr aus ihren Zimmern trauen, weil ihnen alles zu viel wird, und Frauen, die dazu ausgebildet werden, vor diesen Zimmertüren zu sitzen und per Brief und Klopfen Kontakt aufzunehmen. Sie setzen sich auf die andere Seite der Tür und geben zu spüren, dass da jemand aus Fleisch und Blut sitzt, der Zeit hat und zuhören will. Resozialisierungsversuche.

Ich stehe derweil irgendwo im Westen unter einer Dusche und meine Gedanken kreisen um meinen letzten Post, obwohl mir gleichzeitig, irgendwo in meinem Gehirn, sehr klar ist, wie irrelevant ich als einzelner Mensch bin, bei acht Milliarden auf dieser Welt. Wie irrelevant ein einzelner Gedanken von mir ist.

Ich sage meinen Freunden manchmal, dass ich weniger ans Handy gehe und die Nase voll von Whatsapp habe, um eine halbe Stunde später wieder Nachrichten zu schreiben, hey, wie gehts, hey, was machst du, hey, habe das und das gesehen, habe an dich gedacht, Grüsse!! Emojis verteilen geht immer, sowas lässt sich zwischenschieben, hab dich lieb!! schaffs heute leider nicht!! ist schnell geschrieben. Diese Art der Zuneigung macht null Aufwand.

Dabei gibt es wohl kein Werbeplakat auf der Welt, das – als Verkörperung unserer Sehnsüchte – jemanden beim Starren in sein Smartphone zeigt. Die Leute lieben und umarmen sich auf diesen Plakaten immer, sie umarmen sich in Regenwäldern und in Zelten. Die Leute auf den Plakaten liegen an Stränden oder laufen durch Urwälder und feiern den schönsten Geburtstag, den sie je hatten, Gemeinschaft, Glückseligkeit und unberührte Natur, wo man auch hinschaut, "aufgenommen mit einem iPhone 10". Die paar letzten Leute, die noch Berge besteigen und ein Leben haben, die kriegen ein Plakat von Apple, das uns animiert, Geräte zu kaufen, mit denen wir die Berge dann durch einen Screen sehen. Bald kommt Virtual Reality, geil, bald müssen wir nichtmal mehr real hin, bald gucken wir in eine Brille und bleiben auf dem Sofa sitzen.

Was werden wir alle sagen, auf unserem Sterbebett? Woran werden wir zurückdenken? Woran werden wir uns erinnern?

Manchmal frage ich mich, ob in ein paar Jahren noch Menschen in Dörfern auf Bänken vor ihren Häusern sitzen und dem Leben zusehen, wie es passiert und dabei nichts weiter tun als genau das. Wer da noch sitzen wird. Ob da überhaupt noch jemand sitzen wird. Und was mit uns passiert, wenn da keiner mehr ist.

September 2020, 23:48 Uhr, 178. Entsperrung, 5 Stunden 22 Minuten Bildschirmzeit, und so viele Bücher noch nicht gelesen, aber so viele bestellt.

Was die Digitalisierung mit uns Menschen macht, mit unseren Gehirnen und mit unseren Herzen, darüber reden wir erst, wenn alle mit einem digitalen Burnout in den Kliniken hocken, dann wird's nämlich teuer für den Staat, dann wird's ungemütlich. Dann können Leute *digital detox* als neuen, geilen Hype verkaufen und die Wirtschaft funktioniert weiter, dann wird Stille, gesperrtes Netz und die Freiheit der Unerreichbarkeit feilgeboten, auch eine Ware, die grosse Freiheit, nach der sich heute schon jeder sehnt.

Bis es soweit ist, schauen wir uns auf Netflix Dokus an von fettleibigen Menschen in Amerika und wie sie fett wurden, krankgezüchtet von den grossen Zuckerfabriken und den Konzernen, die mit dem billigen Zucker und dem All-you-can-eat-Buffet ihr Vermögen gemacht haben und die ganze Welt eroberten, schütteln unsere Köpfe und denken: Menschenskind, wie ist das nur möglich? Wie können Menschen nicht realisieren, dass sie gerade Dreck in sich hineinfressen, bis sie daran sterben, wie geht das bloss?

Dann suchen wir nach Monaten Schlaflosigkeit und mit irgendwelchen diffusen Angst-Symptomen irgendeinen Arzt auf, den wir darüber belehren, dass seine Diagnose nicht mit derjenigen von Google übereinstimmt, zweifeln an seinen Aussagen und lassen uns Antidepressiva verschreiben, trinken Beruhigungstee und lassen das Handy auf laut. Oder wir schalten mal ab, fahren an Waldparties und schmeissen dort ein paar Pillen, dann wird die Welt kurz sehr weich und sehr sanft, dann wiegen wir uns im Morgengrauen zurück in die Stadt, seliges Lächeln im Gesicht, einfach mal ausschlafen, auskatern, liegen bleiben, vergessen, was war und was noch sein wird. Ein Moment Schwerelosigkeit, eine Minute Pause vom Überdruss.

Und nie ist ein Ende in Sicht, weil das Internet im Gegensatz zu einem Buch oder einem Teller Pasta nicht leer wird, nicht aufhört, nicht sättigt. Es ist, als ob sich der Pastateller immer wieder füllt, immer wieder, und wir essen und essen, bis wir kotzen, und setzen uns immer wieder an den Tisch und essen weiter und kotzen und setzen uns wieder hin.

Wie geht's dir heute, Anna? fragt Facebook. Ja, wie geht's mir eigentlich?

Ein permanenter Stress hat sich über mein Leben gelegt, als hätte er immer schon zu mir gehört. Er fühlt sich an wie eine zweite Haut, die ständig juckt. Ich kann nicht mehr unterscheiden, ob ich zu schwach bin oder das Dauerrauschen zu laut. Ob da eine Verbindung besteht, zwischen den diffusen körperlichen und seelischen Beschwerden und den langen Tagen und Nächten vor dem Bildschirm.

Wenn ein Mensch dann sterbenskrank wird, ist das, weil er geraucht hat oder zu viel Alkohol getrunken. Nicht genug Achtsamkeit trainiert, schlechte Luft geatmet oder zu viel rotes Fleisch gegessen. Aber sicher fällt keiner um, weil er Hunderte Male am Tag die Luft angehalten hat beim Öffnen einer E-Mail. Oder kaum mehr schlafen konnte, weil er sich kaputt konsumiert hat vom stundenlangen Scrollen und Eindrücke in sich hineinfressen und klicken, verwirren und aufputschen lassen und niemals runterfahren und nicht mehr abschalten können und ängstlich werden und hoffen, dass jemand einen sieht und anerkennt und liked und mag und kontaktiert und lobt und schön findet.

Ich könnte also mein Handy ausschalten und es nie wieder anmachen. All die Apps löschen, die irgendwas mit Kommunikation zu tun haben. Ich könnte meine E-Mails auf meinem Computer lesen und auf meinem iPhone einfach den Taschenrechner lassen, die Wetter-App, die App für die Bahnfahrten. Die Wahrscheinlichkeit, dass ich mich sechs Stunden meiner täglichen Wachzeit mit einem Taschenrechner aufhalte, ist doch vergleichsweise gering. Oder ich bin krank im pathologischen Sinne.

Doch ich habe so viel Angst.

Davor, den Stecker zu ziehen. Und zu erkennen, wie unwichtig ich dieser Welt bin. Wie unwichtig ich dieser Welt schon immer war. Und dass die Art von Verbindung, die ich mir ersehne, für mich vielleicht tatsächlich gar nicht existiert.

Dass ich den Stecker ziehe und niemand mit mir zieht. Dass ich alleine auf einem verwaisten Platz die Vögel beobachte, und niemand da, es mir gleichzutun. Dass ich einem alten Mann zusehe, wie er von einer Brücke aus dem Fluss zusieht, wie er fliesst, und niemand mehr von seinem Gerät hochschaut und ihn auch sieht. Wenn niemand diesen Menschen sieht, und keiner sich die Zeit nimmt, ihn zu betrachten, ist er dann noch existent?

Ich habe Angst davor, dass niemand fühlt, was ich fühle. Und niemand will, was ich will. Und niemand braucht, was ich brauche.

Und so schwimmen wir weiter, im ewigen Rauschen des Internets.

Oktober 2020, 21.07 Uhr, 98. Entsperrung, 4 Stunden 56 Minuten Bildschirmzeit, ich hätte gerne einen Spaziergang gemacht, das Handy einfach zuhause gelassen, einen Hund gekauft und mein altes Leben hinter mir gelassen, stattdessen habe ich viele Videos geschaut und war dann duschen.

Der Dokumentarfilm *The social dilemma* trendet weltweit. Er handelt davon, dass diese ganze Social-Media-Sache eine gewollte Massenabhängigkeit ist, dazu da, ein paar wenige Menschen auf der Welt sehr reich zu machen und uns alle emotional und seelisch sehr arm.

Ich sitze mit ein paar Freunden vor dem Laptop, wir haben die Verstärkerbox angeschlossen, damit der Ton auch dann noch stimmt, wenn einer ein Bier aufmacht und ein paar Gläser klirren. Nach dem Film sagen ein paar Leute, die Musik sei sehr melodramatisch gewählt. Ein paar Leute sagen, das sei krass, schon klar, aber nichts Neues. Ein paar Leute sagen, sie hätten sich ja schon gedacht, dass einiges an unserem digitalen Dauerkonsum schlecht ist, aber so krass, ja, das überrasche sie dann aber schon. Eine Freundin erzählt mir, sie habe die Benachrichtigungen bei Whatsapp ausgeschaltet. Sie fühle sich seither ruhiger, nicht mehr so gestresst.

Sie verstehe jetzt besser, was ich meinte, als ich vor drei Jahren anfing, davon zu sprechen. Damals zog sie mich beiseite und sagte: Hör mal, du bist zu extrem, du bist doch nicht die Zeugen Jehovas, hör auf damit, das vertragen die Leute schlecht.

Ich sage allen meinen Freunden, sie sollen den Film schauen. Verschicke den Link über Whatsapp. Lösche gleichzeitig meine Netflix-App von meinem Smartphone. Überlege mir wiedermal, Whatsapp ganz zu löschen. Klicke drauf. Sehe die Benachrichtigung des Dienstes, der mir erklärt, dass alle meine Daten unwiderruflich gelöscht werden, alle Bilder, alle Nachrichten, alle Sprachnachrichten, alle Zeichnungen, alle meine Gefühlsduseleien, alle Hilfeschreie in die Nacht hinein, all die Stunden, in denen ich meinen Freundinnen virtuell die Hand gehalten hab, all die Momente, in denen ich Herzen zugeschickt bekam oder ein GIF, das mir die Welt bedeutete, weil all das von ihm kam, von seiner Nummer, von seinem Telefon. Bist du sicher, dass du deinstallieren willst, Anna?

Ich klicke auf Nein.

Facebook wird für das Jahr 2020 bald 86 Milliarden US-Dollar Umsatz vermelden. Trotz Datenschutz-Skandale ein Höchstwert. 98,5 Prozent des Umsatzes durch Werbung generiert. Die wir uns anschauen, wenn wir online sind. Die mehr kostet, wenn wir länger online sind. Welcome to *attention economy*.

Vielleicht ist uns in ein paar Jahren unbegreiflich, was das für ein verrücktes Jahrzehnt war, damals, 2020. Warum wir die Hälfte unserer Wachzeit in ein Gerät hineinstarrten und uns dabei nicht glücklich fühlten, nicht lebendig und nicht frei. Vielleicht werden wir gläserne Kabinen haben für die Smartphone-Asozialen und die Fleischesser und die Raucher, sie begaffen und mit dem Finger auf sie zeigen, sie werden die gleichen trostlosen, blauen Sitzhocker kriegen wie die Raucher in den Smoking Lounges an den Flughäfen, und wir alle werden an diesen Lounges vorbeilaufen und mit den Köpfen schütteln und uns denken: Schau mal, was für Verlierer, zum Glück habe ich rechtzeitig aufgehört.

Es ist dann eben so wie mit den Vokuhila-Frisuren und dem Kalten Krieg und den Menschenzoos und den Arzt-Annoncen, die in den Sechzigern noch Rauchen als gesundheitsfördernd anpriesen: Im Nachhinein ein Kopfschütteln über einen Zustand der geistigen Umnachtung, unerklärlich, aber damals ganz normal.

Und auch wenn erste Zweifel aufkommen, erste Fragen, erste Bauchgefühle, erste Ungereimtheiten, erste Gerüchte die Runde machen darüber, dass das alles vielleicht gar nicht so gesund ist oder keine gute Idee, machen wir trotzdem weiter.

Diese Verhaltensweisen haben Gründe, die in der menschlichen Psyche liegen, es sind die gleichen Gründe, die jeder Absurdität zugrunde liegen, ob es nun um den Klimawandel geht oder das Rauchen von Zigaretten, dass wir Millionen von Tieren schlachten und Lebensmittel wegwerfen oder bei einem schlagenden Ehemann bleiben. Kognitive Dissonanz nennen die Psychologen das. Wenn wir eigentlich genau erkennen, dass wir unser Verhalten rational nicht erklären können, und es uns schönreden müssen, aber trotzdem weitermachen. Weil das alles uns im Grunde kaputt macht, aber wir es nun mal nicht sofort merken, nicht so schnell wie eine Hand auf der Herdplatte, nicht so schnell wie umfallen und den Knochen brechen.

Wir tun, was wir für richtig halten, wir leben nach inneren Glaubenssätzen und mit ein paar kognitiven Verzerrungen und oft fällt das lange niemandem auf, weil es sich irgendwie gut anfühlt und alle anderen es doch auch tun. Sag mal, sind wir denn alle verrückt geworden, eine ganze Nation, eine ganze Welt, verrückt, und keinem ist was aufgefallen? Keinem, ausser uns allen?

Aber das kann ich niemandem sagen, weil, ich wäre dann allein, ganz allein, mit einem Gefühl im Bauch, das niemand ausspricht, unverbunden, getrennt von allem, dann sterbe ich, also sage ich lieber: nichts.

Oft merken wir erst viel später, wie sehr wir uns nicht mehr spürten. Wir denken dann: Wie konnte das passieren, wieso habe ich das getan? Was ist da nur in mich gefahren? Wir wachen auf und kurz ist alles ganz normal und wir waren wie im Traum.

Vielleicht wachen wir eines Tages auf und merken, dass wir am Kiosk immer noch Wassereis kaufen können und die Züge noch pünktlich fahren und wir immer noch einen Herbst haben, in welchem die Pilze wachsen, auch wenn die Klimaerwärmung bald alles kaputtmacht. Wir werden aufwachen und merken, dass alles, was wir lieben, noch da ist, und wir nur schlecht geträumt haben. Alles in Ordnung. Alles so schön und gut und heil wie es immer war.

Vielleicht erinnere ich mich irgendwann auch gar nicht mehr an alte Zeiten, an ein verlorenes Gefühl. Verliere mich für ewig im Internet und vergesse irgendwann, was ich wollte und dass ich einen Willen hatte. Ich werde glücklich darüber sein, dass Algorithmen und Geräte mir alle Entscheidungen abnehmen und mir sagen, was ich mag und was ich denken soll, ich muss nie wieder hadern, egal, was ich damit verloren habe, an Identität und Zweifel. Vielleicht will ich den Zweifel ja gar nicht mehr haben. Vielleicht macht mich das Zweifeln ja gar nicht zum Mensch.

November 2020, 08:12 Uhr, 3. Entsperrung, 22 Minuten Bildschirmzeit. Ich würde gerne meine Grossmutter anrufen, aber dann redet sie lange, und ich habe heute noch so viel zu tun.

Plus 30 Prozent tägliche Smartphone-Nutzungsdauer weltweit, über die Hälfte aller Smartphone-Checks weniger als 30 Sekunden lang, in der Fachsprache heisst das *compulsive checking*. Anstieg der Suchanfrage *how to get your brain to focus*: 300 Prozent.

Amerikanische Influencer posieren derweil vor dem Spiegel, Schmollmund, den Kopf leicht zur Seite geneigt, die linke Hüfte, in schwarzen Leggings, nach rechts gekippt, die Taille, sie soll eine Kurve machen!, und fotografieren sich zusammen mit einem Sticker, der auf ihrem Spiegel klebt, auf dem steht: *Social Media can seriously harm your mental health.* Ich schaue mir derweil weiter ihre Feeds durch, bis ich mir die gleichen Möbel und die gleichen Haarbänder kaufe wie sie und die gleichen Wanderrouten laufe, bis ich weiss, welche Sportart ich grade machen muss, um vorne mit dabei zu sein. Bis ich mir einen Hippie-Bus kaufe und nicht mehr weiss, ob mein Leben eigentlich noch mein Leben ist oder bloss eine billige Social-media-Kopie, eine Inszenierung für Instagram.

Inzwischen fährt in Zürich ein Mann auf einem Fahrrad Dinge aus, die ihm unbekannte Menschen im Internet bestellt haben, auf seinem T-Shirt steht: *notime. delivering excitement*, ich kann aber nirgends Freude erkennen, vielleicht ist sie innerlich, ich müsste ihn mal fragen. Vielleicht hat er sich auch nicht zu freuen, weil, die Freude kommt ja mit dem, was bestellt wurde, nicht für den, der ausliefert. Ist doch logisch, steht da doch drauf.

Draussen auf dem Dorf bewegen sich noch immer die weissen Gardinen, und eine Hand, die daran klebt, kurz beiseite geschoben für einen hastigen, prüfenden Blick runter auf die Strasse. Da ist sie, die soziale Kontrolle, vor der wir alle in die Städte geflohen sind, weg von daheim, weg aus den Dörfern, die uns so eng schienen und so stier, wo wir dachten, wir könnten uns nie neu erfinden. Wo jeder weiss, wenn ein Auto vor dem Dorfeingang parkt, das da nicht hingehört. Eine Kontrolle, die mir so nackt vorkommt, so zahnlos, im Gegensatz zu dem, was da noch auf uns zukommt, wenn sich all die Spuren, die wir digital legten, verbinden, zu einem grossen, nie wieder zu löschenden Bild von uns.

Dezember 2020, 2. Entsperrung, Bildschirmzeit: 1 Minute, 5 Stunden 11 Minuten unter dem Durchschnitt. Ich weiss nicht, woran ich lieber sterben will, Langeweile oder Überdruss.

Irgendwo in den Schweizer Bergen, in der Höhe hat sich Schnee in die Äste der Bäume gelegt, im Dorf riecht es nach Brennholz, und hier drin, in diesem Haus, kein 4G. Ich packe meinen Koffer aus und checke alle paar Minuten, ob nun Signal kommt, es kommt keins. Plötzlich ergreift mich eine unerklärliche Leichtigkeit. Als würde die Welt von meinen Schultern fallen. Vielleicht werde ich wirklich nicht verbunden sein, hier oben, über Tage nicht. Und nichts, was ich dagegen tun müsste, nichts, was ich dagegen tun könnte. Ich gehe schlafen und träume schlecht.

Ein Auftraggeber hatte einen Skype-Termin für alle angesetzt, ich habe ihm gesagt, ich könne die Dokumente nicht anschauen und sei auch nicht da, zum Skypen. Er hatte diese Betroffenheit in der Stimme und meinte ganz sanft: Hast du denn E-Mail-Zugang, wenigstens E-Mail-Zugang? Und ich antwortete, ja, den hätte ich, aber ich will ihn nicht, ich will ihn bewusst nicht. Ich werde die ganze Woche nicht erreichbar sein und werde dreist über meine Zeit verfügen, werde mich von der Welt verabschieden, mich verschlucken lassen. Niemand wird mich einfach erreichen können und was von mir wollen und mich rausreissen und mich einspannen. Der Mann am anderen Ende der Leitung wartet verdutzt, dann lächelt er hörbar in den Hörer hinein und sagt: Ach, so ist das, ja, hm, das müsste ich auch mal machen, dann lacht er nervös und sagt: Aber weisst du, das geht nicht. Das würde nicht gehen.

Und während wir wieder im ewigen Rauschen versinken, den Ausstieg wieder nicht geschafft, liest Bill Gates fünf physische Bücher die Woche, spaziert durch Wälder und schreibt in Räumen ohne digitale Hilfsmittel mit Stiften Gedanken an Wände. Halten Celebrities, die auf Instagram Millionen von Followern haben, weiter ihre Sticker mit dem Slogan *social media can seriously harm your mental health* in die Kamera, um dann offline zu gehen, während ihre Assistenten rund um die Uhr posten. Entfernen die CEOs die Farbe von ihren Bildschirmen, *grayscale mode*, damit sie dem Signal-Rot, das dem Menschen evolutiv bedingt Intensität und Gefahr signalisiert und jetzt für alle Arten von Benachrichtigungen eingesetzt wird, die Kraft nehmen. Während die CEOs im Silicon Valley ihre Kinder in Waldorfschulen und Montessori-Kindergärten schicken, - damit sie dort Natur haben und kreativen Gestaltungsraum, Ruhe, Schlaf, Rhythmus, Körperwärme, Liebe, echte Zuwendung, zuhören, spielen, Partys mit Freunden, lernen, lernen, wiederholen, an den

Haaren ziehen, Erbsen mag ich nicht, schau mal, ein Tropfen an der Scheibe, der sich langsam seinen Weg nach unten bahnt - hängt der Rest der Welt am Strom, als sei dieser ein Bluttransfusionsbeutel.

Ich denke darüber nach, wie es sich mit Zeit und Raum verhält und was Freiheit eigentlich bedeutet, und ich glaube, Freiheit bedeutet bald Unauffindbarkeit. Sie wird etwas sein für die wenigen Privilegierten, die es sich leisten können, nicht mit dem Strom zu schwimmen, nicht zu konsumieren, selber kein Produkt mehr zu sein. Während wir anderen bereitwillig an unseren Geräten hängen und alles von uns preis geben, werden diejenigen, die es sich leisten können, Zeit haben und verloren gehen und verschluckt sein und niemand wird wissen, wo sie gerade sind und was sie tun und wie sie sich fühlen, sie werden weiter Hinterausgänge nehmen und hohe Zäune um ihre Häuser bauen und Assistentinnen einstellen, die ihre Online-Präsenzen pflegen, während sie sich zurückholen, was sich niemand mehr zurückholt, die Hoheit über unser Sein, *the right to disconnect.*

Ich stehe am nächsten Morgen vom Bett auf und gehe zu meinem Handy und schaue, ob noch alles gleich ist wie am Abend zuvor, tatsächlich, ich stehe noch immer in einer Welt ohne Internet, in einem Haus ohne 4G. Ich habe Hunger, ich höre, wie draussen der Bus vor dem Haus vorbeifährt, laut, ich fühle, wie sich die kühle Luft an meine Haut schmiegt, kalt. Ich setze mich an den Holztisch und starre eine Weile die Blumen in der Vase an, die vor mir steht, ich schaue mir die Blätter an, da wurden Wiesenblumen mit Pfefferminzblätter gemischt, mal was Neues.

Dann weiss ich wieder nicht, was tun, mit der Zeit, die mir bleibt, ich fühle die Minuten, wie sie verstreichen, fühle meine Angespanntheit, fühle meine Unruhe. Ich ahne, was da wieder kommen wird, an Selbstzweifeln und an Müdigkeit, dass ich spüren werde, wie müde ich eigentlich bin und nicht recht wissen werde, wann ich schlafen und wann ich essen soll, ich werde mit niemandem sprechen, der ausserhalb dieser physischen Welt existiert. Obschon das mehr als fünf Menschen sind, eigentlich so viele. Und doch die meiste Zeit meines Tages ohne Kontakt, diesem ständigen Kontakt. Dieses ewige Rauschen, das mich sonst immer durchfliesst, sich an mir festklebt und ich mich an ihm, und wir uns gegenseitig Halt geben und eine Daseinsberechtigung.

Ich werde denken, dass ich bald durchdrehe, ich werde dann aufstehen und wie ein Tiger umherwandeln, ich werde noch ein paar Mal zum Handy greifen und es in die Hand nehmen und ungläubig ein paar Sekunden warten und den Atem anhalten, bis ich merke, dass ich nichts erhalten habe, keine Nachricht, kein Emoji. Nichts, was mein Leben für immer verändert. Auch keine Nachricht von diesem Mann, den ich noch liebe und von dem ich hoffe, dass er sich meldet, ein paar Worte, ein kurzes Hallo, dabei hätte ich eigentlich am liebsten einen Brief.

Ich werde alle paar Minuten mit dem Schreiben innehalten und denken, dass ich jetzt nicht mehr weiter weiss, ich werde mich ablenken wollen und wegrennen, wegrennen vor diesem unerträglichen Gefühl, vielleicht nichts zustande zu bekommen oder etwas, das niemand ausser mir versteht. Vielleicht werde ich dann nochmals einen Kaffee rauslassen oder nochmals aufs Klo gehen, um dann einzusehen, dass es nun mal Sinn macht, sich wieder hinzusetzen und weiter zu schreiben, weil ich keine Alternative habe. Weil es hier nichts zu machen gibt, nichts zu sehen, nichts zu konsumieren. Es gibt Berge, Gras, einen Baum vor dem Haus und ein paar lange Wege. Der Winter ist angebrochen, die Leute schlafen in ihren Häusern, die Autos fahren vorbei, im Kühlschrank steht frische Milch und liegt ein Stück Käse, mehr gibt es nicht. Und ich weiss, dass mein System, so überreizt und so voller Gier nach dem nächsten neuen Input, ein paar Tage brauchen wird, um sich an diese Einöde zu gewöhnen.

Irgendwann, nach ein paar Tagen, werde ich aus dem Fenster schauen und die Berge sehen und das garstige Wetter vor meinem Haus und werde alles ganz in Ruhe betrachten, ich werde einen tiefen Atemzug nehmen und vielleicht werde ich merken, dass mein Atem ganz ruhig fliesst. Dass ich grad nicht mehr meine, zu sterben, weil ich seit einer Stunde nicht mehr nachgeschaut habe, ob mich jemand erreichen wollte, ob ich noch geliebt werde oder jemand einen meiner Kommentare geliked hat. Ich werde merken, dass das Leben irgendwie weitergeht und dieses Leben ruhiger ist. Und dass es mir gehört. Mir ganz allein.

Ich frage mich, wann das letzte Flecklein Erde auf dieser Welt erschlossen und durchdrungen sein wird, wie viele laute, berauschende Partys die Mächtigen und die Telekommunikationsanbieter und die Social-Media-Stars und die mittelständischen Familien feiern werden, wenn klar ist, dass wir nun überall, für immer verbunden sind. Für immer, keine Minute mehr allein. Keine Minute mehr *disconnected,* für immer berauscht, für immer das ewige Rauschen, immerfort, durch uns durch. So lange, bis sich alles, was jemals entstanden ist, was Zeit brauchte und Raum, sich abgetragen hat wie Gestein, das sich abschleift, wenn das Wasser immerfort an ihm vorbeizieht, nur noch weich, keine Kanten mehr, keine Ecken mehr, nichts, das weh tut, nichts, was irritiert, sich auflehnt, unvollständig, und wir innerlich nichts mehr haben, was reifen muss und Zweifel kennt.

Ich frage mich dann, wann wir noch Mensch sein werden und wann richtig da, ob es noch Momente geben wird, die wir noch nicht bereits kannten, was mit unserer Sehnsucht nach Lebendigkeit sein wird und ob ich eigentlich die Letzte auf der Welt bin, die traurig wird, wenn ich daran denke, dass ich nie wieder einen Gedanken zu Ende denken kann und nie mehr so tief träumen. Und diese Sehnsucht, dass die Welt mich verschluckt und ich für einen kurzen Moment an nichts mehr hänge und nichts mehr an mir hängt, und ich ganz hier bin, nur hier, nur in dieser einen Realität, und mir diese genügt.

Irgendwann werde ich wieder lieben, mich verlieben, du wirst dich auf mich drauflegen, zwischen uns nichts ausser Haut, Schweiss, Poren, Härchen, die aneinander kleben und ein Hauch von einem Duft. Ein Geruch, den ich aufsauge und der sich seinen Weg bahnen wird, hinein in mein Gehirn, in die Ritzen, die von ihm noch übrig sind, direkt da rein, wo alles so alt ist, dass ich gar nicht mehr darüber nachdenken mag, wie alt, so alt. In den prähistorischen Teil meines Gehirns wirst du wandern und ich werde dich spüren, wie Tiere einander spüren, wenn sie sich aufeinanderlegen, ihr Fell, ihre Haut, ihr Gefieder, ihre Gier.

Wir werden uns aneinanderschmiegen und Mensch sein, urmenschlich roh, ein Instinkt, der sich Bahn bricht, vielleicht haben wir bis dahin schon längst vergessen, wie es ist, sich an einem Ort zu verlieren, den wir nicht kennen oder einfach aus dem Fenster zu schauen, obwohl da nichts wartet ausser Leben. Du wirst dir Bahn brechen in mich hinein, in meinen Körper und mein Herz, vielleicht werden wir uns verlieben und versuchen, diesem Gefühl einen Namen zu geben.

Dann googeln wir einander und kontrollieren, wo wir grade waren und warum wir einander nicht gute Nacht geschrieben haben und wann du das letzte Mal online warst, wir wischen und klicken und suchen und sagen Dinge wie, ich mag dich, ich liebe dich, willst du Kinder mit mir, wann sterben wir, wonach sehnst du dich, hörst du mich rufen, wenn ich nach dir rufe, was ist dein Lieblingsessen, siehst du das auch so wie ich, schau mal, eine Ente, ist das nicht niedlich, jetzt schau doch nicht so, was meinst du damit, wir lieben uns doch, wir gehören doch zueinander, spürst du das nicht, das lässt sich nicht in Worte fassen.

Hörst du, wie ich denke, wie ich spreche und was ich schreibe, schau mich an, da ist eine Seele, siehst du meine Seele, sag, siehst du sie, sie atmet leise, fast unhörbar leise, kein Algorithmus auf der Welt wird dir sagen, was ich dir sage, hörst du meine Stimme, hörst du mein Herz schlagen, du hast doch auch eins, du hast eine Seele, einen Körper und ein Herz, es hat einen Klang, es macht Lärm, es will was sagen, bumm bumm, bumm bumm, so klingst nur du.

Dann werde ich aufstehen, eine frische Unterhose anziehen und nachschauen, was ich in den vergangenen 15 Minuten verpasst habe.

Und dann wird mir wieder bange werden, weil ich mich erinnere, dass es ein anderes Leben gab, eines vor dieser verrückten, abhängigen, verdrängten Zeit, eines, als ich noch weglaufen konnte vor dieser Verbundenheit, die gar keine ist, und dann fällt mir ein, dass das in den Bergen war, damals, als ich an diesem Essay schrieb, und dass es ein Funkloch brauchte, um an diesen Punkt zu kommen. Einen Ort, der das Internet verschluckt hat, und nicht umgekehrt. Dass es eine äussere Instanz brauchte, die mich mit aller Absolutheit und Gewalt aus meinem digitalen Leben riss, und dass ich ihr hilflos nachgab und mich fallen liess, in ein Leben, in einen Zustand, der vor ein paar Jahren noch uns allen die ganz normale Welt war.

Und ich werde kurz in mir zusammenzucken, weil ich realisieren werde, dass es nicht mein menschlicher Wille war, der mich soweit brachte, dass es keine körperliche Stärke war oder meine bewusste Entscheidung. Sondern dass alles, das Loskommen und das Anklammern und das furchtvoll Sein und das Bangen und Sehnen nach Verbindung und diese ganze Idee, mich losreissen zu wollen und gleichzeitig für immer verbunden zu sein so urmenschlich und so instinktiv ist, dass es am Einfachsten wäre, gar niemandem dafür die Schuld zu geben, keinen Konzernen und keinen Accounts und keinen machtgierigen Phobikern und keinen Idealisten und blinden Technokraten und keinen Apps und keinen kommunistischen Staaten, sondern nur mir allein.

Du kannst es ja abschalten, sagen sie dann.
Ist doch kein Problem, sagen sie dann.

Du bist doch ein freier Mensch, sagen sie dann.

Niemand will zurück, sagen sie dann.

Wir alle wollen vorwärts, sagen sie dann.

Stemm' dich nicht gegen den Wandel der Zeit, sagen sie dann.

Schwimm weiter im ewigen Rauschen, sagen sie dann.

Es wird eine schöne Zeit, du wirst sehen.